漢字遊び
解体新書

東北芸術工科大学名誉教授　馬場雄二

大修館書店

はじめに

最近は漢字ブームと言われています。漢字検定は年間二百数十万人もの人が受験し、先日の表彰式へご招待いただいた時も、高齢者から小学生までが壇上で家族ごと表彰される微笑ましい光景を目にしてきました。一生に一度も使用しそうもない１級の漢字まで知る必要があるかどうかは別として、全世代に漢字への関心が高まっていることは好ましい傾向です。また、NINTENDO DSに代表される「脳トレ」商品群でも、漢字関連のものが世代を越えてベストセラーになっているようです。これらの現象は、電卓の出現による計算力の低下と同じく、パソコンなどによる「漢字力」低下に対する危惧、あるいは知識の補充を期待している面もあるのでしょう。

一方、テレビでは本来の芸の有無が疑わしい芸能人を雛壇に並べ、間違った答えをみんなであざけってみたりして、視聴者に優越感を与えようと媚びる趣味のよろしくない、漢字を素材にしたクイズ番組が溢れています。

いずれにしても、漢字は知識としても遊びとしても、興味の対象になっていることは間違いありません。その理由は、漢字のもつ基礎的知識性、コミュニケーション性、表意性、それらの多様さや奥深さなど、漢字ならではの面白さを生み出す力を、漢字自体が豊富に備えているからでしょう。

本書では、マニアックな読解力や歴史的知識を競うのではなく、私が長年探求してきた漢字遊びやゲーム開発・研究のノウハウを、発想力・推理力に活用する視点から編成し、朝日新聞日曜beに連載中の「馬場雄二のデザインQ」を主な実例としながら、漢字の本格的な遊び方を、ヴィジュアルな説明で具体的にご紹介します。

問題作成では朝日新聞日曜be編集部の方々、出版では大修館書店編集部の円満字二郎さんに大変お世話になりました。厚く御礼申し上げます。

ご自分で作ってみることで、漢字遊びがファミリーや友人とのコミュニケーションツールになって、漢字遊び人口が増大することにより、みなさんの人生がもっともっと楽しくなることをを願っています。

平成19年　秋　　　　著　者

■目次

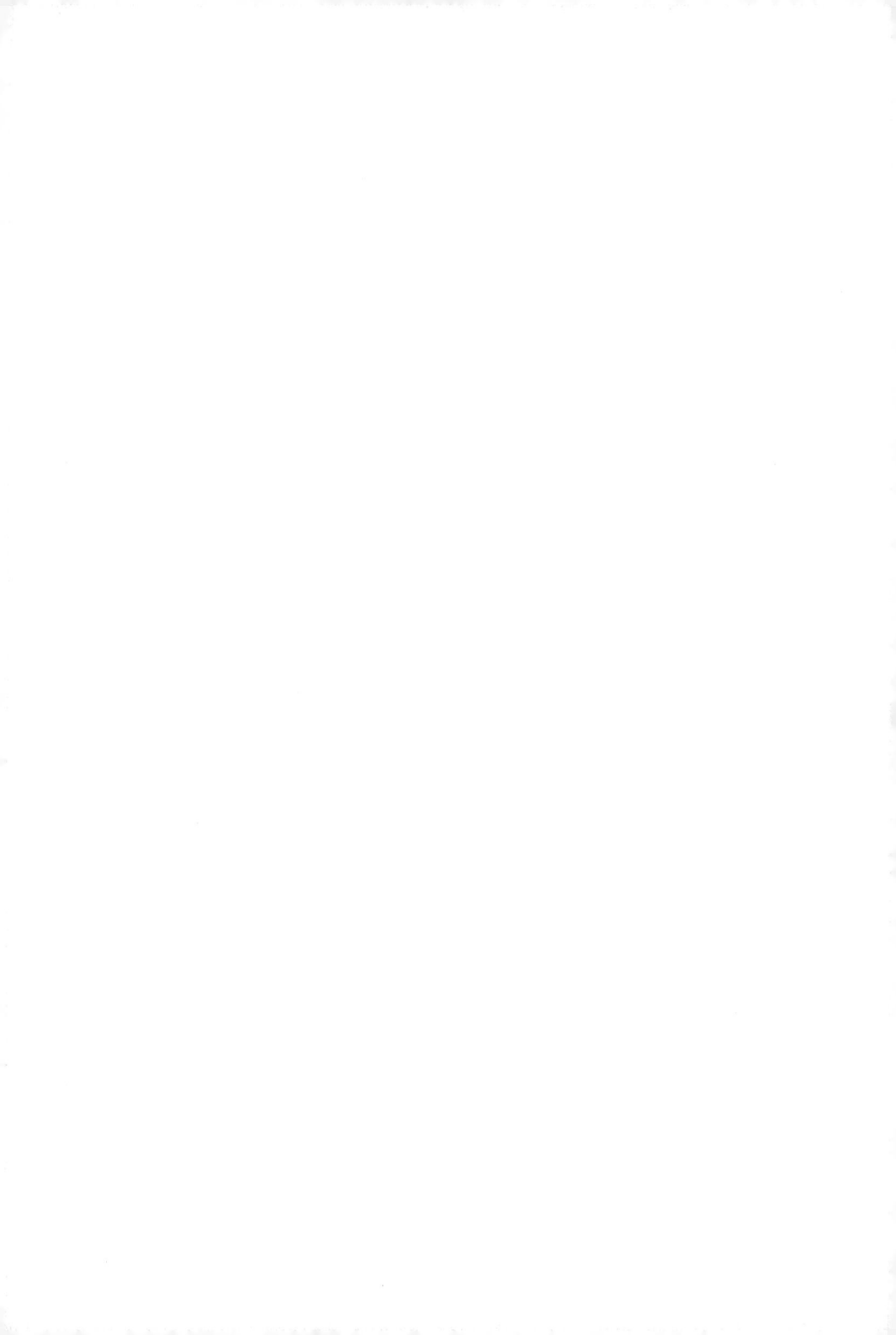

第1章＝漢字遊びの世界

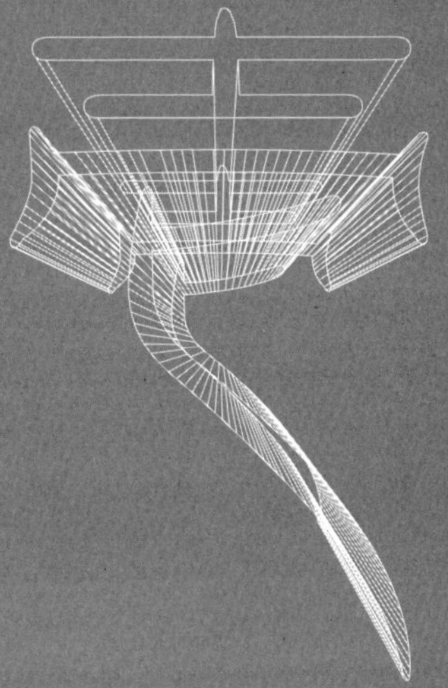

[1] 漢字大嫌いからライフワークへ

●漢字なんかなければいいと

「いつ頃からそんなに漢字が好きになったんですか」とよく聞かれます。「実は、小学生の頃は大嫌いでした」と答えると、ほとんどの人がビックリしその原因や理由に興味をもちます。

3年生の頃でしたか、一寸した悪戯の罰として、同一漢字を記憶が定かではありませんが確か300回、明日までに書いてくるように命じられました。当時は表音文字の平仮名や片仮名ではない表意文字の漢字と出会い、こどもながら記号ではない生き物のような面白そうな存在の文字として、漢字を意識しはじめていた時期でした。

帰宅して書き始めると、間もなく単純作業の繰り返しに嫌気が生じてきました。先生の狙いがこの忍耐力を強いることにあったのかと推察し、宿題の意図に納得はしました。しかし、漢字が無機的で無意味な形にしか見えず、こんなものさえなければと恨みを感じ、嫌いな存在になってしまったのです。その時に書かされた文字は、その日に習った「時」という字で、時を忘れるほど熱中せよとまで先生が考えての漢字の選択だったかどうかは不明でしたが・・・。

30字ほど書いたころ、まだ富士山で言えば1合目、この10倍は精神的に堪えられない量と実感し、短時間での能率的達成法を試行錯誤し始めました。その結果、「1人で行える分業」を考えてみて、まず「ひへん」を左に10個書き、次にその右に「寺」を各10個書き加えていきました。効果は予想以上に大きく、10字ごとの数えやすさと着実な達成感もあり、リズム感さえあるスキップモードで、驚くほどスピードアップすることができました。とはいえ、漢字の面白さを感じさせないことには変わりなく、この種の罰は罰として無意味だと先生に感じてもらうために、翌日は何の苦痛もなかったような顔をして宿題を提出しました。（通じたかなあ）

この種の罰を罰として課すことは、漢字に対して失礼で正に×（バツ）です。

●いつの間にか最大の関心事に

それから十数年後、大学でデザインを専攻する4年生となった私は、学生生活の総括として4年間のカリキュラムを見直し、自分の未来を見据え探求して制作する卒業制作のテーマを決定する時期を迎えていました。そして選定したテーマがなんと「漢字の視覚化」でした。「大嫌い」だった漢字が、いつの間にか人生の重要なタイミングで「最大関心事」になっていたのです。

その間、漢字に関して特に影響を受けた書籍や人物に出会った記憶はありません。ごく自然に多感な青少年期を過ごしただけですが、敢えて関連づければデザイナーを志向する環境の中で、「書く」・「読む」が主な機能であった漢字を、「見る」・「感じる」ものとしてヴィジュアルデザインと結びつけるようになり、それが「漢字の視覚化」に結集したのかも知れません。

今でこそ、表情を感じさせる漢字が、広告やテレビのタイトルなどで多く見られますが、当時は漢字を「見る」や「遊び」の視点で捉えることはほとんどなく、それが、コミュニケーションの大切な要素であるとは、気付かれていませんでした。

●振り返ればライフワークに

ライフワークとは自分で決めなくても、客観的に決定されるものとも考えられます。卒業後の私は、多種多様なデザインに関わってきましたが、ライフワークは何かと問われれば、長年興味を持ち続けてきた3つの分野（企業イメージのデザイン計画・アイマジック制作・漢字遊び）かと思います。どの分野でも遊び心のシナジー効果（相乗効果）をベースにしてきましたが、その中でもクライアントがあって発生するのではなく、自主的に研究・制作が可能なのがアイマジックと漢字遊びで、最も世に多く発表しこだわってきたテーマが漢字遊びです。

知れば知るほど広く奥の深い世界であり、他の遊びにはない面白さがある漢字遊びは、振り返れば私のライフワークの筆頭になっていました。

[2] 漢字遊びの原点

●漢字ならではの面白さ

私たちは、主に片仮名、平仮名、アルファベットに漢字を加え、4種類の文字を組み合わせて用いながら、生活しています。外国人から見れば、何と煩雑で不便な言語環境と思われることでしょうが、表意文字と表音文字の効果的な併用により、仮名だけの文章と比較するまでもなく、漢字がもつ威力が発揮されて、少ない文字数での正確な意味の表現を可能にしています。

外国人と言えば、かつて、銀座で漢字遊びの個展を開いた際、英語講師（ドイツ人）が話しかけてきたことがあります。ニューヨークの街角で見掛ける漢字のTシャツのような、単なるエキゾチシズムからの興味ではなく、「木」が「林」になり「森」になっていくなど漢字特有のシステムが、遊びに展開できることの面白さに、大変興味をもったのだそうです。

漢字は象形文字だとよく言われますが、実際には象形文字の数は意外に少なく、「上」や「下」など形のないものを表す指事文字や、それらを2つ以上組み合わせその意味の結びつきによって新しい意味を表す会意文字、発音の部分と意味の部分とを組み合わせた形声文字などが圧倒的に多いのです。その結果、漢字の構成要素には具象物だけでなく抽象的な形も含まれることになり、また、その組み合わせ方の多様性や、読み方の共通性など、漢字ならではの面白さが、漢字遊びにバラエティをもたらします。これは正に漢字だからこそ可能な遊びの原点でもあるのです。

●全国民がスペースや用具の準備がなくても多様に遊べる

遊びでの望ましい条件は、特別な用具やスペースが必要なく、難しい技術やルールの習得も不要なことでしょう。その点、漢字遊びは紙と鉛筆があればテクニックやルールの知識も特に必要なく、しかも小学校で学習する各学年配当漢字（合計1006字）、社会生活での使用の目安として制定された常用漢字（1945

字）というレベルを使用範囲とすれば、その都度、年齢・人数に合わせた問題の選択が可能になり、1人でも友人とでも、ファミリーでも遊べます。

●漢字遊びは日本語を乱す？

十数年前、NHK教育テレビで国語学者の方と対談する機会があり、「あなたのような人が日本語や漢字を乱す」と言われました。私が考案・デザインする漢字遊びは、漢字の既成概念を無視し、文字を不規則に分解したり再構成したりするものが多いので、長年にわたり部首などを歴史的に研究したり、筆順を重視して伝統的な書の世界に携わってきた方々の一部には、堪えられない不快感を与えているのかも知れません。

しかし、部首は漢字の意味や辞典での検索に重要であるといっても、「聞」のように同じ漢字でも辞典により該当する部首が異なって定まっていなかったり、「夜」の部首は多くの人が「なべぶた」だと思うのに「にんべん」でもなく「夕」だったりするのですから、索引的にも現実的に機能しないこともあります。

筆順にしても、文字を美しく書く上で重要であるといわれますが、私は筆順が間違っていることを承知の上で、自己流に書く文字が何字かあります。その方が形がまとまり気分も良いからです。日常生活では、文字が書き上がるプロセスを示す機会などほとんどなく、結果を示すことだけで十分です。筆順の正誤が必要とされるのは、採点の判断がしやすく便利な減点対象にすることができる漢字テストでの場合でしょうか。こんなつまらない理由で、こどもが漢字本来の面白さを感じることなく、漢字嫌いにさせられています。日本語や漢字を嫌いにさせ、漢字の面白さを実感させる機会すら与えずに、「最近は漢字が乱れ、力が低下している」と論じている偉そうな人は誰でしょう。

漢字遊びは、漢字に関する学問・研究を決して軽視するものではありません。その必要性は認めた上で、漢字のもつ造形的特色や豊かな表意性を重視して、現代の視点で遊びの素材として割り切り、それらを自由に料理し楽しむことが目的なのです。私は、漢字遊びを通して、楽しい時間が満喫でき、豊かな発想力や推理力が自然に身に付くことを確信しています。

[3] 漢字遊びのデザイン的展開

●デザインとは装飾ではなく計画

日本では、デザインという言葉が服飾の世界から認知されはじめたせいか、デザインとはモノを飾りたて見栄えをよくする行為のように思われがちです。最近は本来の意味を踏まえて、サウンドデザインとかライフデザインなどと他分野にも用いられるようになったのはよいのですが、今度は何にでも「デザイン」をつければ格好がつく、イメージ先行の現象が蔓延しはじめてしまいました。本来、デザインとは付加価値を付けるための図案などに限定されるものではなく、全体を構成する諸要素や各種のニーズを満たすための総合的計画を意味するものです。

というふうに、言葉で定義すると堅くなり、楽しさは微塵も感じさせませんが、漢字遊びの場合は、漢字の特質を生かすことによって、誰でもが面白いと感じながら脳が刺激され、発想力や推理力の向上が期待できる視覚的な計画であると、私は考えています。

●点から線、次に面、そして三次元の世界へ

デザインにおける「点」とは、幾何学での定義と異なって位置と大きさをもっていますが、点は移動すると線になり、線が移動すると面になって、更に三次元に移動すると立体になります。漢字遊びでもこのようなプロセスに従った展開方法が有効で、それをそのまま実践したのが私のデビュー作でもある「漢字博士」シリーズ（116〜117ページ参照）です。その展開を実例として述べ、漢字遊びの具体的思考の参考にしていただければと思います。

「漢字博士」を考え出したきっかけは、漢字を一旦分解して再構成する面白さでした。多くの漢字は、縦に2分割できます。つまり「へん」と「つくり」で、そ

れらを再構成させてゲーム化しようと考えたのです。これだけでは単純すぎると思ったのですが、組み合わせやすい「きへん」や「さんずい」がラッキーカードになることや、「車」や「力」のように右側にも左側にも組み合わさるマルチカードの存在の発見などがあって、予想以上の興味が期待できるゲームに仕上がりました。どちらかと言うと、アイデアの段階で面白くても実際に遊んでみると期待はずれのケースが多いのですが、この場合は逆でした。

「漢字博士」を発表したのは1976年銀座ソニービルでの「タイポ・アイ展」でのこと。たちまちテレビや新聞で話題になり、学研から商品化されミリオンセラーになって、「おもちゃ大賞」まで受賞してしまいました。

好評を聞きつけ西武百貨店が、漢字遊びの別企画を依頼してきました。そこで「点」から左右に「線」的に展開した「漢字博士」をNo.1（116ページ参照）とし、「線」を上下左右に連結する「面」的に展開したゲームをデザインし「No.2」（117ページ参照）として発売になりました。

「No.1」も「No.2」も漢字を分解し再構成する視点からの遊びでしたが、次のステップとして漢字の意味性に注目し、その視点から、今度は漢字同士を連結して熟語をつくることを「線」的にゲーム化しました。連結方向を増加させることは熟語化の可能性を大にするので、ピースを6角形にし6方向の「面」的展開を思考し「No.3」（117ページ参照）が完成しました。

「面」の次は「立体」です。サイコロ状の積木で漢字の組み合わせによる熟語化を試み、「No.4」（117ページ参照）をデザインしました。原則通りの展開でここまできましたが、この遊びはピラミッドのように積み上げていくと中に隠れてしまった立方体は出しにくく、また、1回完成させるのに24時間は要し、難易度が高すぎるマニアックなものになった状態で世に出てゆきました。

デザインでは、「立体」の次は「動き」へと思考しますが、漢字遊びではあまり有効とは感じられなかったので、漢字ならではの特性を総括したところ、「No.1」～「No.4」で成し得なかった穴である「重ね」を発見し、半透明で中厚口のフィルムを素材にした「No.5」（117ページ参照）をデザインしました。

このシリーズは一例ですが、面白いテーマをみつけたら、それを原石として単発ではなく多角的に磨き上げ、ダイヤモンドのように輝かせて欲しいと思います。

[4] 解く楽しみから創る楽しみに

●体験すれば興味倍増

スポーツでも音楽でも、好きなものを一度体験してみるとその面白さや楽しさが実感でき、ますますファンになるものです。私は中学時代は野球部の花形スター（?）でしたが、高校ではレベルの違いを見せつけられ、プロへの道を断念しました。また、大学では当時としてはハイテクのイメージに満ちたスチール（ハワイアン）ギターの音色に魅力を感じ、無理をして楽器を手に入れましたが、マスターするまでには至りませんでした。しかし、その体験が甦ってくるのでしょう、いまでも球場でタイガース戦を観戦していても、テレビで観ていても、打撃の瞬間の音を聞くと、打者の手のしびれる程度がしっかりと伝わってきますし、打球の飛距離もイメージできます。曲を耳にしても、演奏者の腕の見せ所ででのテクニックが目に見え、自分の手がうごいているのに気付き、ビックリすることがあります。そして、なにより、その道の達人によるハイレベルな技を、同じ体験を経たからこそ倍増して楽しめる時間を満喫しています。

漢字遊びの場合も、自作の経験があれば、面白い問題やゲームに出会った時に感じる興味の大きさや深さは、未体験の場合とは比較になりません。自分でも創作することを経験者としてお奨めします。

●授業はカルタ大会

私が勤務していた東北芸術工科大学のデザイン演習では、開学（15年前）以来、ことわざや漢字をモチーフにしたカルタをデザインし、みんなで遊ぶカルタ大会を、正式なカリキュラムに取り入れています。美大だからそんなことができるのだろうと思われるでしょうが、中学校の美術の教科書に「漢字慣用句かるた」（126ページ参照）が収録されているので、全国の中学でも、生徒のデザインで授業中にカルタ大会が行われているようです。もう時代はそこまで来ています。家庭でも老人ホームでもどこでも、自作の漢字遊びを楽しむ時代です。

●15年間に7万人が参加

1992年から、産経新聞で漢字の視覚化を楽しむ「馬場雄二の遊字塾」を連載することになりました。当初は私が文字をアレンジして、昨今のテレビのクイズ番組でよく見られる「この字を何と読む」的デザインを掲載し、読者から答えを寄せてもらう内容でスタートしましたが、しばらくして、テスト的に読者からも作品を募集してみました。毎週の連載で見本となる作品が掲載されているわけだから、読者が自分で考えることはそんなに難しくはないと判断したのですが、アイデアさえ面白ければ私が補作しますというコメントを入れて、気楽に投稿しやすいようにしてみました。その効果もあってか、鉛筆でラフに書かれたものも含めて、予想外と言うより期待通りの数の投稿が寄せられてきました。やはり創ってみると面白さが実感できるのでしょう、投稿数はリピーターと初投稿者ともに着実に増加し、入選は毎週何十倍という狭き門になってしまいました。

毎週3点を入選として掲載し、3回で初段、5回で2段・・・という段位制を設定し、段位獲得者には新聞社から塾長手作りの特製コルク紙認定証を贈呈してもらうことにしました。これが投稿者のインセンティブをますます増大させることになりましたが、今度はプロ顔負けの常時入選者が増え、掲載者の固定化に悩みました。レベルの保持は望むところですが、多くの人々に挑戦してもらうチャンスを広げる方がこのコーナーの目的と再確認し、毎週1人の初入選者を必ず確保することにし、すっかり日曜版の人気コーナーに定着しました。

応募層は小学生からシルバー世代まで老若男女を問わず、93歳で4段（13回入選）のオバアチャンもいました。連載は2007年に終了しましたが、応募数の累計は15年間で7万人を越し、最高段位は7段（49回入選）。有段者は3ケタになり、漢字遊びの底辺は大きく広がり、その面白さが社会的に認知され実証されました。

第2章では、私のつくった漢字遊びを楽しんでいただくとともに、自分で作成する際の注意点やノウハウもご説明します。

第3章では、この章で述べた「漢字遊びのデザイン的展開」をヴィジュアルに理解していただくために、漢字ゲームの現物を写真で掲載しました。また、試作の段階で生じた問題点をどのように解決したか、どのように遊ぶのかも、「解く楽しみから創る楽しみ」の参考になるように付記しました。

みなさんも、受け身ではなく、漢字遊びの発信者になり、面白い人生を楽しみましょう。

第2章＝漢字遊びの「力」別 楽しみ方

[1] 合成・構成力で遊ぶ

1＝部首（部分）

●漢字は、字によって異なりますが、いくつかの部分によって構成されています。部首に限らずどのように組み合わせれば正しい漢字になるかに、挑戦してみましょう。

●Q＝1

●漢字の部分が組み合わさって正しい漢字になるように線を書き込み、8つの部屋に分けられる?
※縦か横に2マスつなげます。
※1文字も残らないように組み合わせます。

子	𭕄	子	寸
宀	化	木	木
十	艹	亻	交
日	立	日	木

●Q＝2

●カタカナでリフォーム？

空白の窓に、下の16字中14字のカタカナを多少変形して入れ、漢字にリフォームすることにしました。

完成するとできる3組の2字熟語は？

[例]

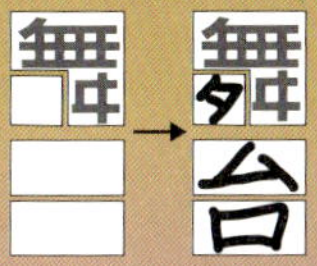

（タ・ム・ロ）

[答え]

①□□

②□□

③□□

イ　イ　カ　カ　タ　タ　ツ　ト　ハ　ヒ　ヒ　ヒ　ム　メ　メ　ワ

●Q＝1の答
図①の通り

与えられている部首などの漢字の部分を組み合わせて、正しい漢字を完成させてみましょう。

部首は、漢字を分類・配列する場合の基準となる構成要素で、検索や意味の理解に役立ちますが、合成・構成力で遊ぶときには、部首に限定せずすべての形を部分として扱って、たくさんの素材からの豊富な組み合わせを楽しむ方が、興味が増大します。

図①は意識的に各部分を中央に置き、上下左右の位置関係も不規則にしていますが、自分で子どもや初心者用に作ってみる際は、図②のような正常の配置がよいでしょう。

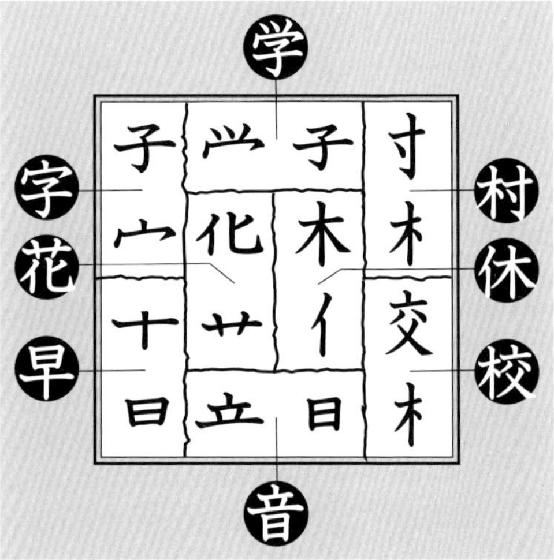

図①

図②

●Q＝2の答

図③の通り

Q1よりかなりレベルを高めていますが、Q1で構成力をマスターし、達成意欲さえあれば必ず正解に到達できます。

2字の「紛れ」も含めて次々に下段から当てはめてゆく前に、自力で該当する部分（カタカナ）をまず考え、下の16文字中の有無を確認、その後埋められず残っている空欄と下のまだ残っているカタカナとのすり合わせまをします。その方が力がつき楽しめます。

自分で問題を作成してみる際も、図④に比べて図③の文字自体のバランスの悪い点はあまり気にせず、パズルとして割り切り楽しみましょう。

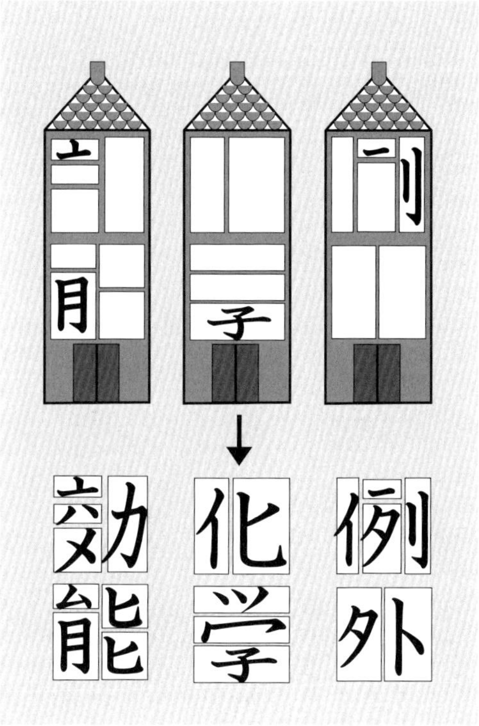

図③

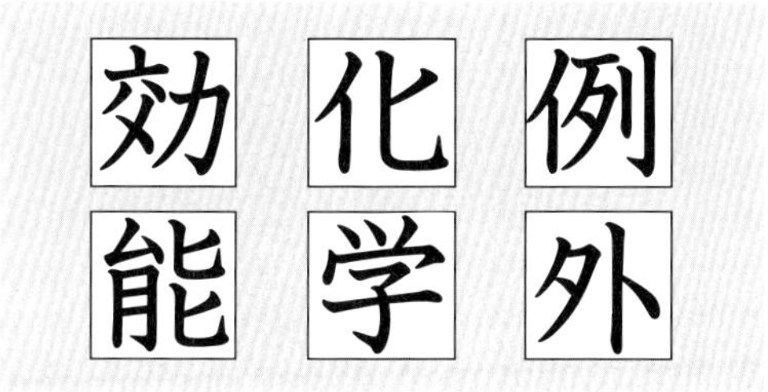

図④

[1] 合成・構成力で遊ぶ

2＝熟語（ことば）

●漢字と漢字の組み合わせで熟語（ことば）にすることができるのは、漢字の大きな魅力です。良い相手を選んで正しい熟語をつくってみましょう。

●Q＝3

●漢字が組み合わさって正しい熟語になるように線を書き込み、8つの部屋に分けられる？
※縦か横に2マスつなげます。
※1文字も残らないように組み合わせます。

水	車	入	学
花	小	犬	女
火	森	林	王
休	校	先	生

●Q＝4

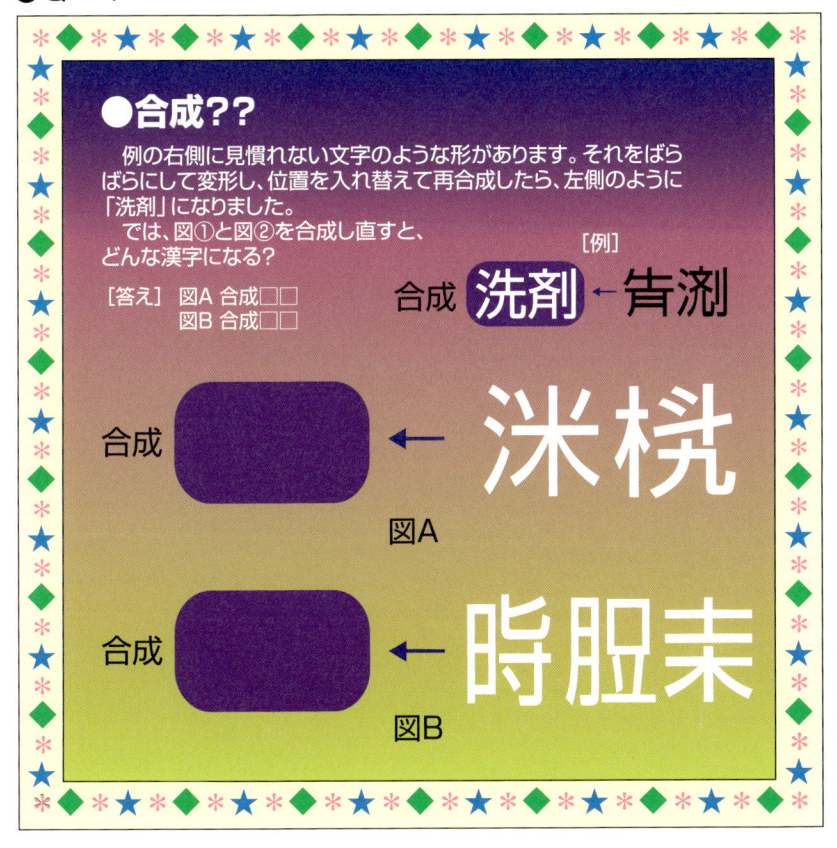

●合成??

例の右側に見慣れない文字のような形があります。それをばらばらにして変形し、位置を入れ替えて再合成したら、左側のように「洗剤」になりました。

では、図①と図②を合成し直すと、どんな漢字になる?

［答え］ 図A 合成□□
図B 合成□□

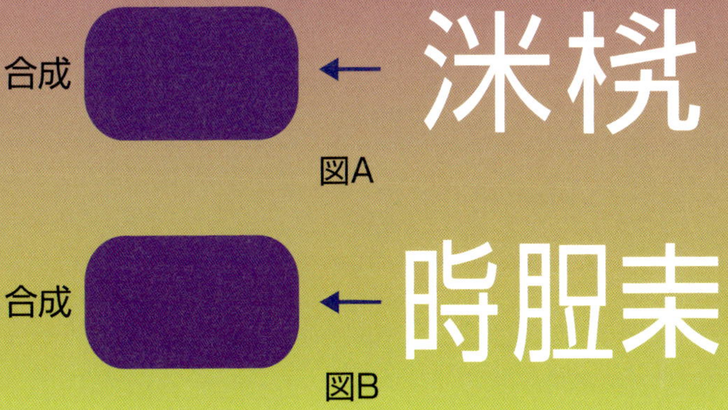

●Q＝3の答
図①の通り

複数の漢字が組み合わさって熟語になると、例えば「子犬」のようにより具体的な言葉になったり、「先生」のように元の字とは異なる意味になったりし、そのバラエティの豊富さがパズルとしての適性をもち、面白さの可能性を拡大させてくれます。

図②は、組み合わせる文字数を一定にせず、複数の答えが出ないように部屋割りの数（この場合5部屋）だけを指定し、難易度を高めた例です。

自分で問題を作成してみる際は、字数を増減したり、部屋の数で難易度を加減するのがポイントです。

水車入学
花小犬女
火森林王
休校先生
図①

水車入学
花小屋女
火森林王
大会浴蜂
図②

●Q＝4の答

図③の通り

何となく実在しそうな漢字らしき形を構成し直して、「合成」とも組み合わさる2字の熟語に仕組む問題です。

再構成される場合の各部分の位置や形は、思い切って大きく変化させた方が問題としては意外性に富み面白くなります。しかし分割する最小単位にも限度があって、例えば「目」を「日」と「一」に分けるのは不自然です。図④は3文字に展開した例で、より複雑になり興味が広がり深まります。（答え＝歩道橋）

自分で問題を作成してみる際のポイントは、実際にありそうな形に変形するセンスです。

図③

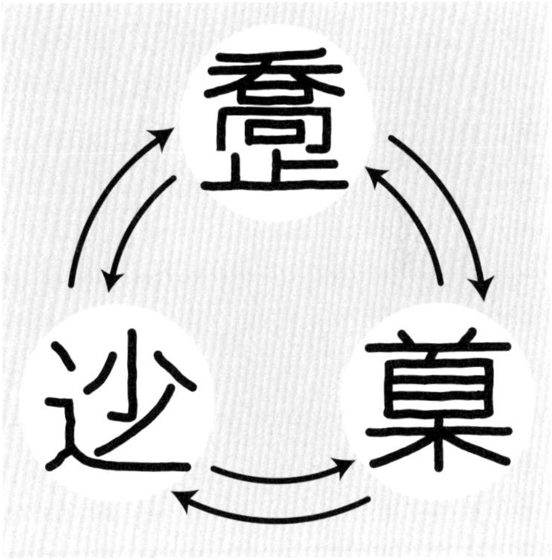

図④

[1]合成・構成力で遊ぶ

3＝線の方向

●漢字には、いろいろな線が含まれています。それらが方向別に分けられた図を見て、合成されたらどんな漢字になるか想像してみましょう。

●Q＝5

●漢字に含まれている水平線が左列、垂直線が中列、その他の線が右列に入っています。それらが合成されてできる漢字は?

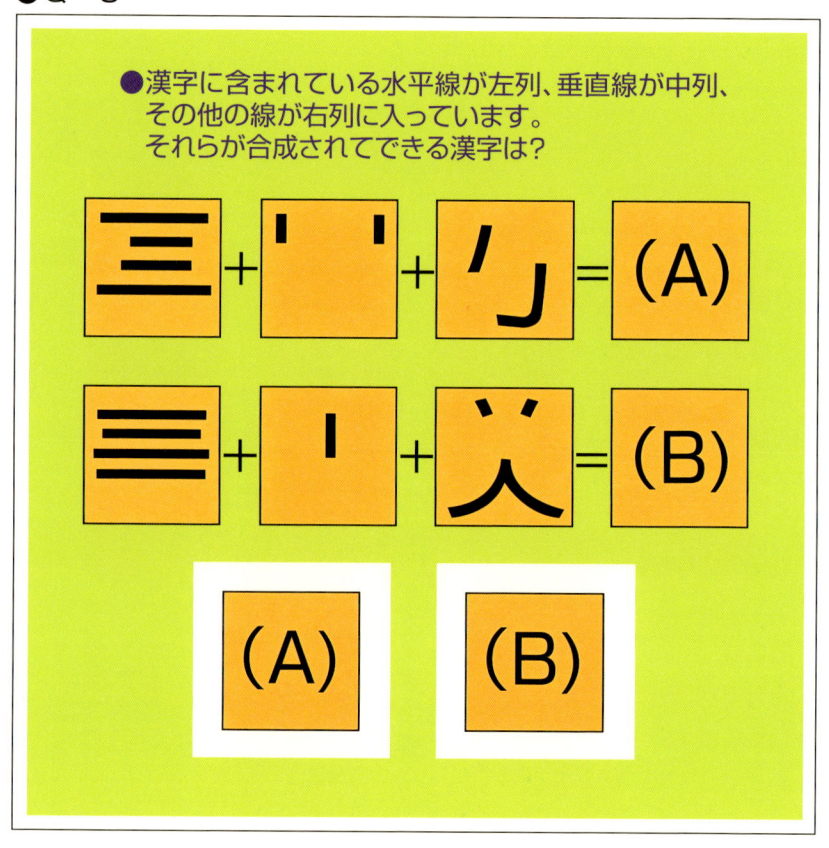

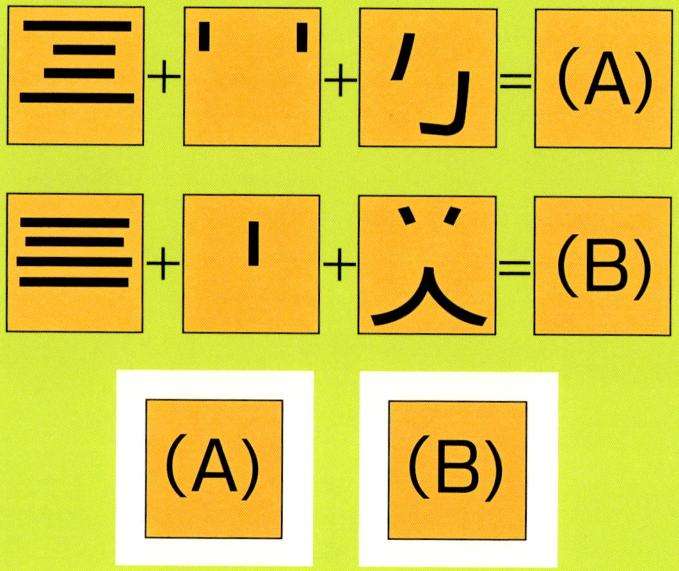

●Q＝6

●特製トリプルメガネ?

Aでは縦線、Bでは横線、Cではそれ以外の線だけが見えるのに、網膜上では重なって、ちゃんとした像に見える不思議なメガネができました。

図Aと図Bの場合に見える2つの漢字を組み合わせてできる言葉は?

答え □□

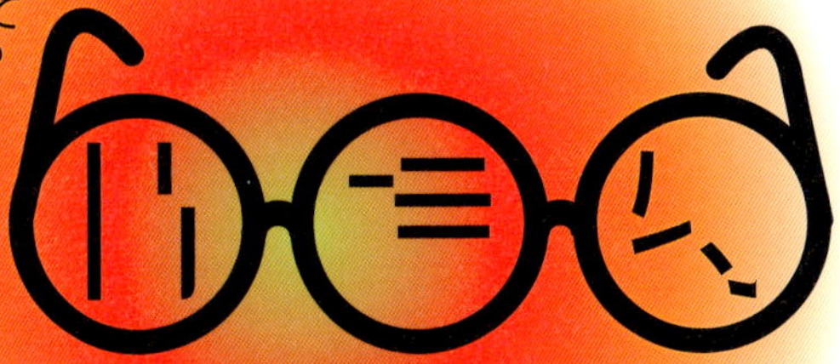

図A

図B

●Q＝5の答

（A）写　（B）美

漢字の骨格を線の方向で分類すると、水平線、垂直線、その他に分類できます。漢字は垂直線より水平線の方が多い字が多く、横線を細くデザインされている明朝体が縦横同じ太さのゴシック体より可読性が高い理由がそこにあり、新聞の本文などでは大きな威力を発揮しています。

図②では、横組みだった図①を縦組みにしてみました。頭の中での合成は横組みの方が想定しにくくなります。

自分で問題を作成してみる際は、まず3種の線の混合状況を見極めて、文字を選定しましょう。

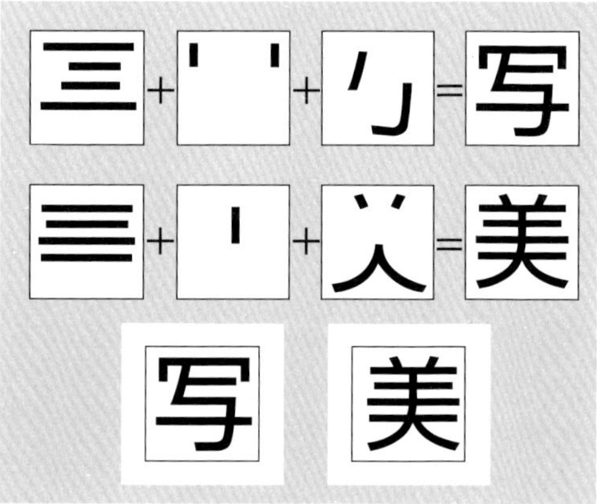

図①

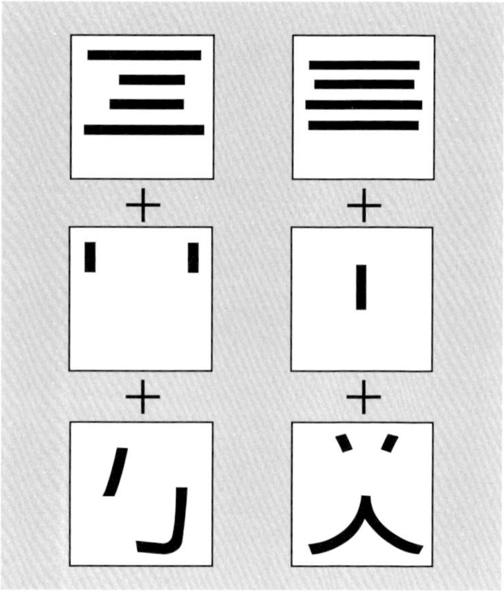

図②

●Q＝6の答

特許

完成した2文字を組み合わせて熟語にする問題です。単独の漢字より難しくなる場合もありますが、逆にもう一方の字がヒントになる場合も多く、興味が高まります。

メガネに見立てた図は、デザインとしての面白さも意識していますが、もしこのメガネがないと図④のように位置の見当基準が定めにくくなり、難易度が高くなり過ぎてしまいます。

枠付けした図③のような図を、位置のみ不揃いにすると、図④との中間の難易度が期待できます。自分で問題を作成してみる際に挑戦してみてはどうでしょう。

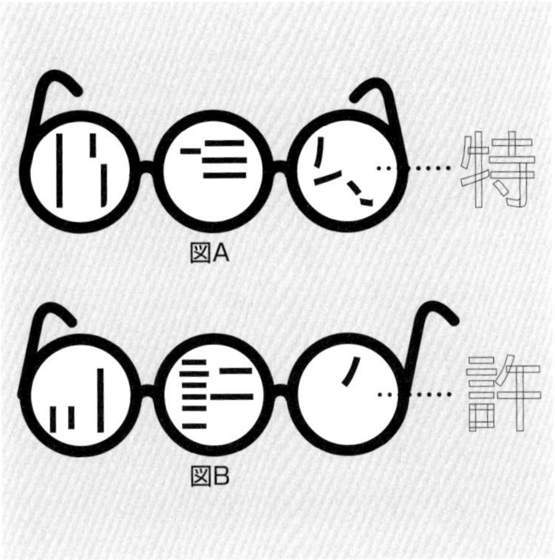

図③

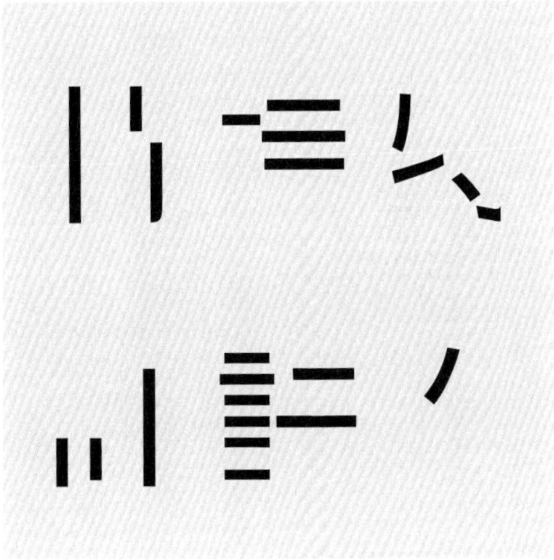

図④

[1] 合成・構成力で遊ぶ

4＝隣接

●分割されている文字を並び変えると、どんな漢字が出現するかを楽しみましょう。

●Q＝7

●左の正方形を縦に2分割し、右のように左右を入れ替えると何という漢字になる？
そして上下段の2字でできる熟語は？

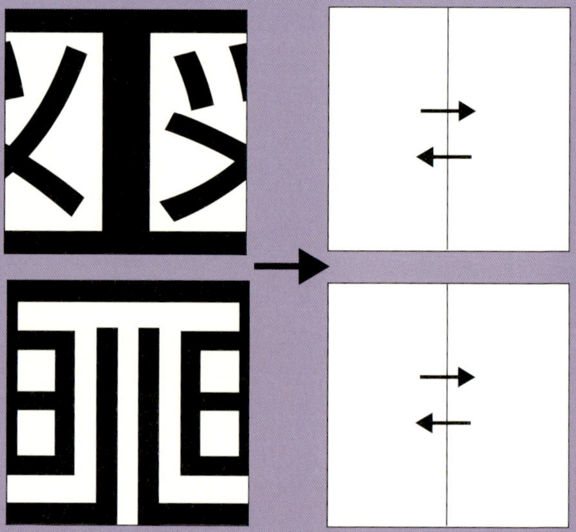

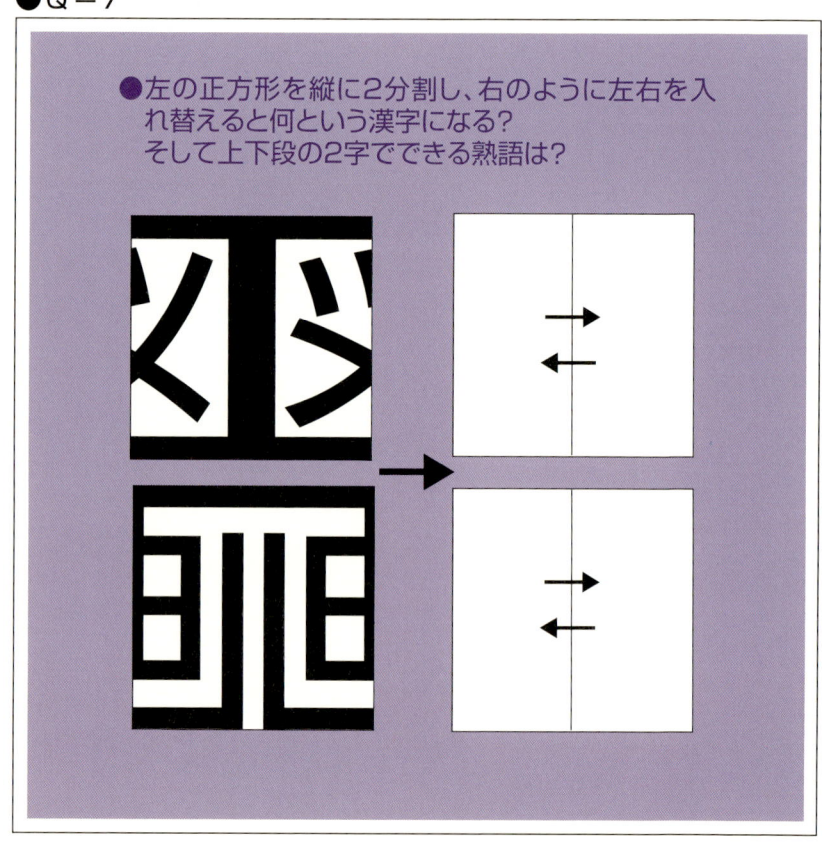

●Q＝8

●読めないタイル張り？

4枚で1文字になる3角形のタイル16枚を、間違えて張ってしまいました。
組み直して読める4文字の良く知られた地名は？

答え □□□□

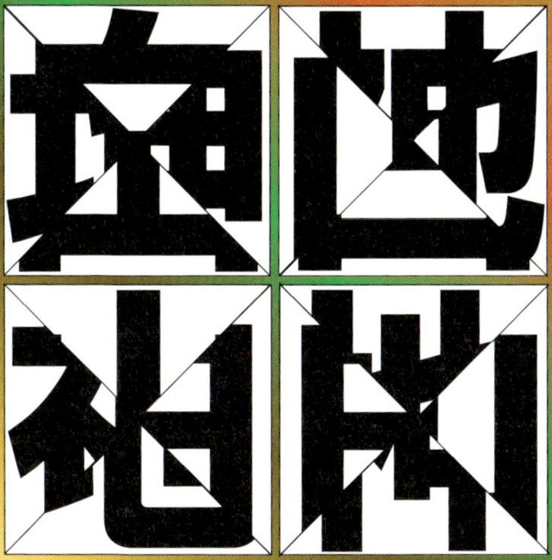

●Q＝7の答

図画

文字は分断されたり接続されたりすると、びっくりするほど表情が変化し、原形の姿を頭の中で再構成し直すことが難しくなります。

図①は左右の中央で分割し入れ替えるだけのことですが、隣接部分が良い関係で接続していると、新しく隣接する部分の姿がなかなか予想できない面白さがあります。

図②は左右ではなく上下に入れ替えた例ですが、方向により面白くもつまらなくもなりますので、自分で問題を作成してみる際は、カットの方向を変えて試作し、良い隣接関係が生じる方向の選定が必要になります。

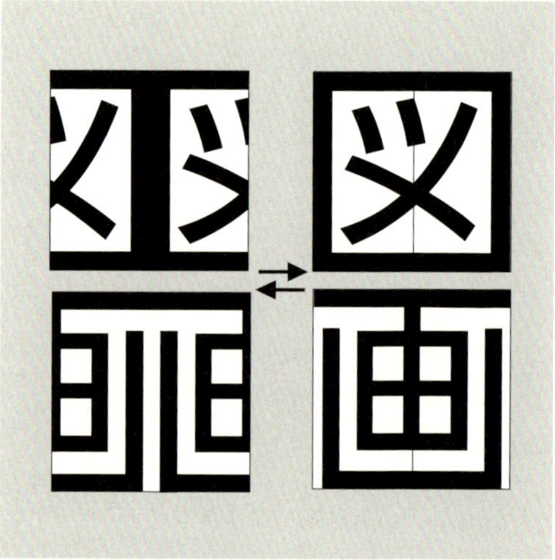

図①

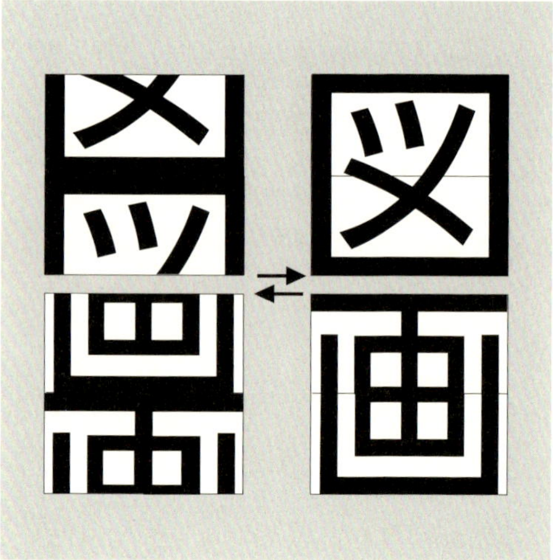

図②

●Q＝8の答

白神山地

斜めの分割線の場合は、水平・垂直の場合と比べて線の断面が文字の線のイメージを大きく変えてしまうためイメージがつかみにくく、分割数も多くすれば、更に難易度も高くなります。

この種の問題は、切り抜いて答えを求めがちですが、それでは合成・構成力は向上しません。まず易しそうな一文字に狙いを定めて完成させれば、後は順次選択肢が減り、意外に早く答えに到達できます。

自分で問題を作成してみる際は、図④で示すように種々の位置関係の中から、最適の隣接方法を設定しましょう。

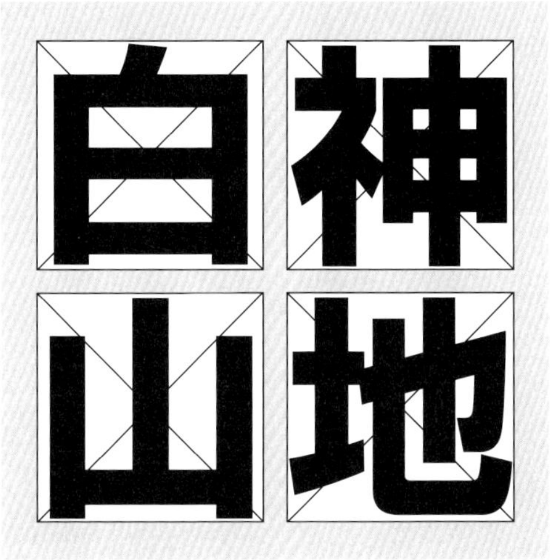

図③

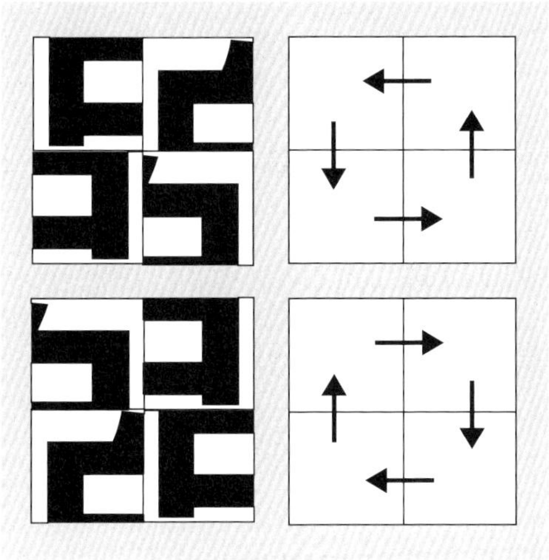

図④

[2] 分割・分析力で遊ぶ

1＝部首（部分）

●見慣れない漢字のような形をばらばらに分解し、元の字が何であったかを分析してみましょう。

●Q＝1

●漢字のような、そうではないようなこの形を分解して、元の2字の熟語が何であったか分析できる?

●Q＝2

●この字なんの字 不思議な字？

［例］の左図をバラバラにして再構成すると、右図の「化石」に組み替えることができます。

では、下の図を同じように組み替えてできる3字の熟語は？（ヒント：春）

［答え］□□□

［例］

→化石

※各部分の位置・大きさ・形はかなり変化します。

●Q＝1の答

見学

［1］の「合成・構成力で遊ぶ」では、ばらばらに与えられた部分や漢字をどう組み立て完成させるかがテーマでしたが、この［2］では完成している一つの形を分解し、元の形を分析し探し求めることへ挑戦します。

図①は大漢和辞典で探せばありそうな形ですが、上手に分解し探し求めると答えが見つかることを示しています。

図②は、同じ答えでも図①と異なり水平方向以外での分割も含まれている例です。

自分で問題を作成する際は、いかにも実在しそうな1つの形を問題として示せるかが重要です。

図①

図②

●Q＝2の答
合併症

答えを3文字にし複雑にした問題です。ありそうな漢字としてはこの辺が限界かと思いがちですが、適当な漢字さえ選べば4字でも可能で、図④はその例です。A～Dは位置の変更だけで、どれも実在しそうですが、実は四字の熟語です。2つの「十」で旧字の草冠に、「ク」と「人」で「欠」に見えるのがミソです。（答え＝十人十色）

パズルとしては四字熟語以上でも可能で、超複雑な見たこともない迫力のある不思議な文字を合成すると、思い切り分析力が楽しめるかも知れません。試作してみてはいかがですか。

図③

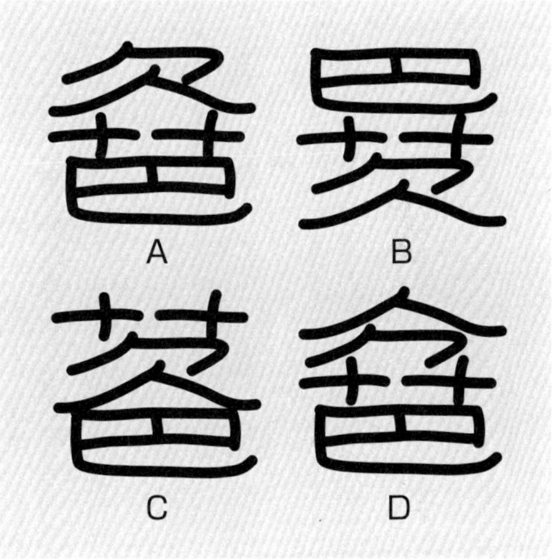

図④

[2] 分割・分析力で遊ぶ

2＝熟語（ことば）

●無意味に見える線の集合体を上手に分割すると、漢字がいくつも出来、それらを組み合わせると熟語になる面白さを楽しみましょう。

●Q＝3

●図の中では、複数の漢字が連結していています。
全体を6字に分割し、組み合わせるとできあがる3つの県名は?

●Q＝4

●県名の宝島？

この宝島には16の漢字が埋められていて、組み合わせると7つの県名になり2字が残ります。

その2字でできる市の名は。

[答え] □□市

●Q＝3の答

石川・山口・大分

部首や部分の場合は、それぞれが形として独立していたので、分割できる位置がはっきりしていました。この問題は漢字が連結し合体しているので、分割する位置を探さなければなりません。図①の「川」と「山」のように、線が不自然に見えず分割の位置に迷うような、あるいは意外性のある連結を意識的に施さなければ面白い問題は生まれにくいのです。

図②は図①より連結方向を複雑にし、分割しにくくした例です。

自分で問題を作成してみる際は、特に文字には見えにくい線の連続性に留意しましょう。

図①

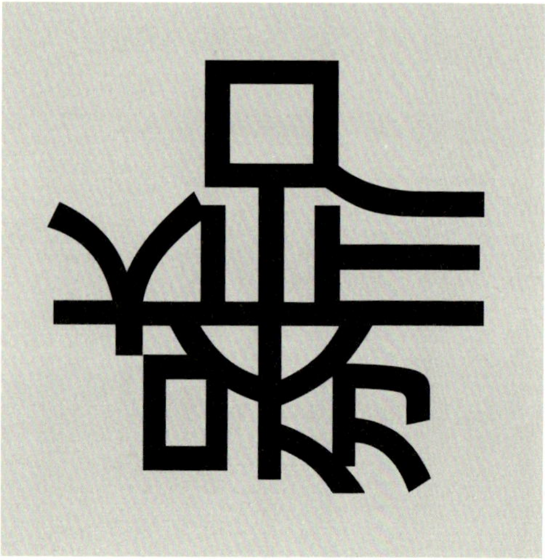

図②

●Q＝4の答

福山（市）

Q＝3より漢字自体の発見は容易です。理由は画数が多い文字の方が判別しやすくなるためです。しかし、字数が多いので正しい組み合わせが探しにくい上に、余った2字で市名を組み合わせるためには他の14字を確定しなければなりません。

図④は、全体の周辺部を紛らわしくし、判別しにくくした例です。

自分で問題を作成してみる際は、どんな漢字でも組み合わせられるので、地名のほか、動物、花、人名、季語などをテーマにし、背景をそれにマッチさせると素敵なデザインになります。（120ページ「漢字の宝島」参照）

（組み合わさる県名＝秋田・栃木・岐阜・鳥取・香川・熊本・沖縄）

図③

図④

[2] 分割・分析力で遊ぶ

3＝重複

●重なって読めなくなってしまっている形を、想像力を働かせてどんな漢字が重なっているかを分析してみましょう。

●Q＝5

●図Aは2文字、図Bでは3文字が重なっています。
それぞれどんな漢字が重なっているか分析できる？

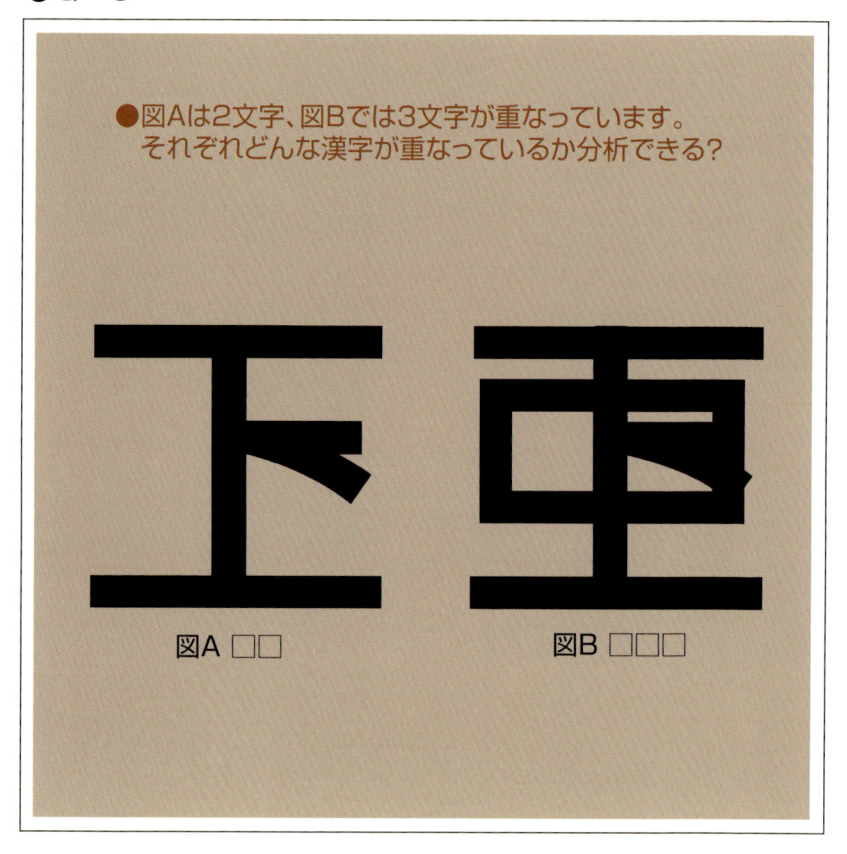

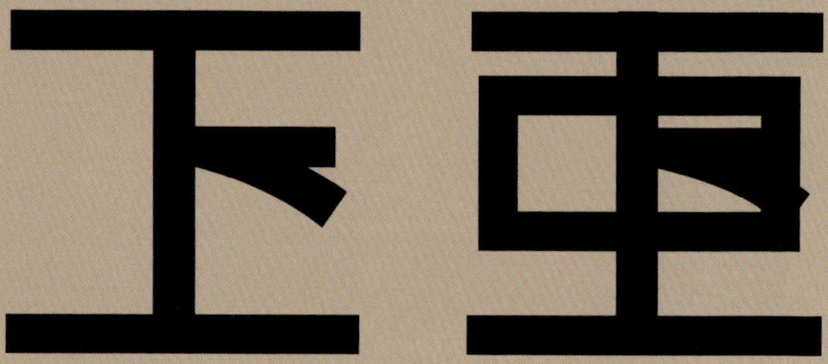

図A □□　　図B □□□

●Q＝6

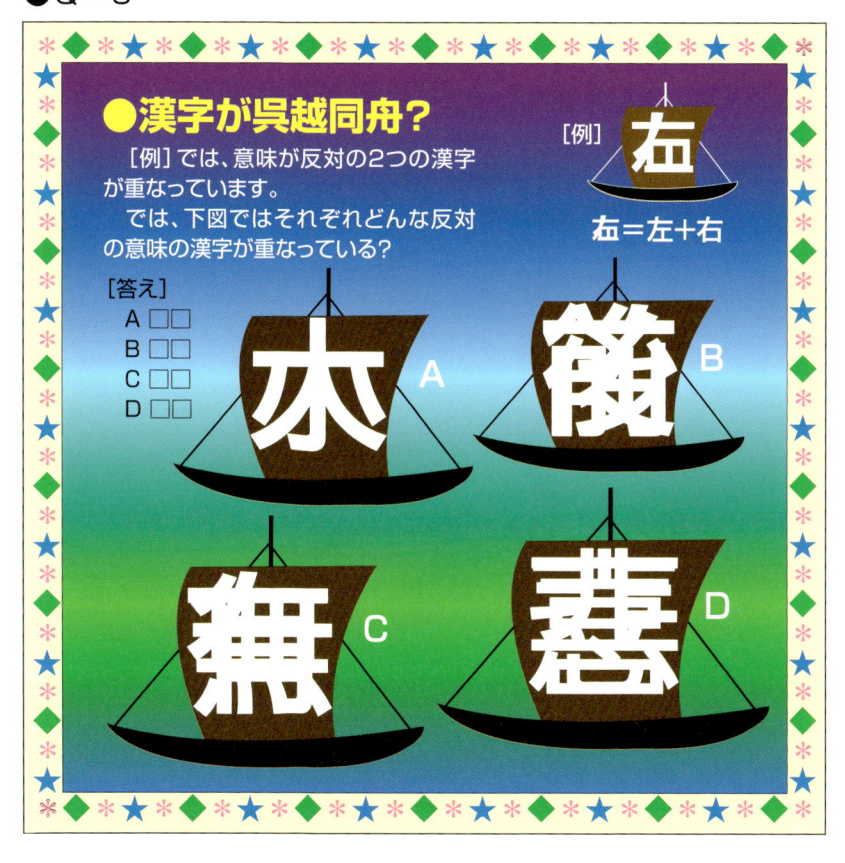

●漢字が呉越同舟？

［例］では、意味が反対の2つの漢字が重なっています。

では、下図ではそれぞれどんな反対の意味の漢字が重なっている？

［例］

［答え］

A □□
B □□
C □□
D □□

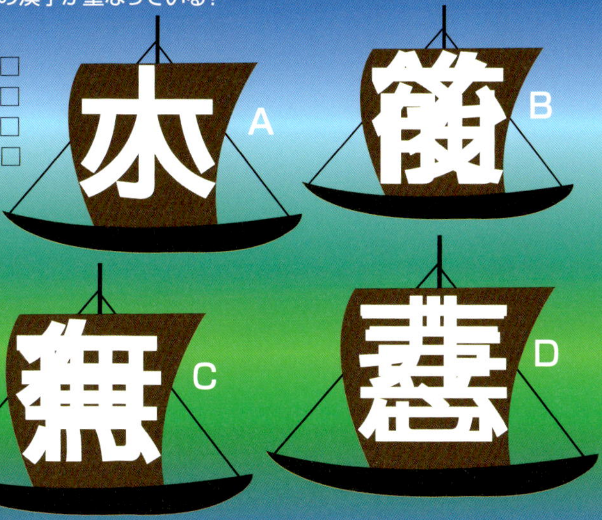

●Q＝5の答

図A＝上・下

図B＝上・中・下

透明なフィルムが重なった状態、または複数の文字を同じ場所に重ねて書き足した図を想定してください。その形から重複前の漢字をはがすように分析してみましょう。

図①のようにピタリと重なる文字を選ぶと、重なっているのかいないのか判別できないので、解きにくくする上で効果的です。

図Cは左右に、図Dは上下にずらした例ですが、図Dの方がうまく重複し面白い問題になっていることを示しています。

自分で問題を作成してみる際の参考にしてみてください。

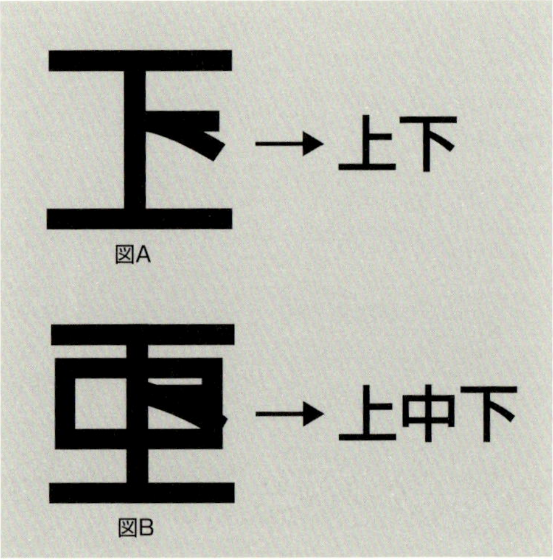

図①

図②

●Q＝6の答

A＝大小　B＝前後

C＝有無　D＝悲喜

大切な要素として線の太さがあります。この問題では、A以外は線が混み合い、線の連続している関係が判断しにくく、何本の線が重なっているのかわからなくなります。

図④は、図③において唯一線がはっきりしていたAを素材に、太さの変化を4段階に試作してみたものです。Bが標準的、Cが多少無理はあるが問題としては魅力的、Dは間の余白がつぶれて線の存在が不鮮明になってしまっています。

自分で問題を作成してみる際は、線の共有部分の有無と太さの選定に注意しましょう。

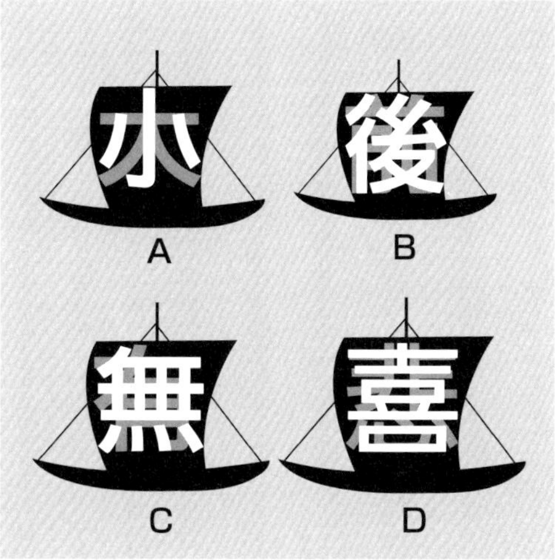

図③

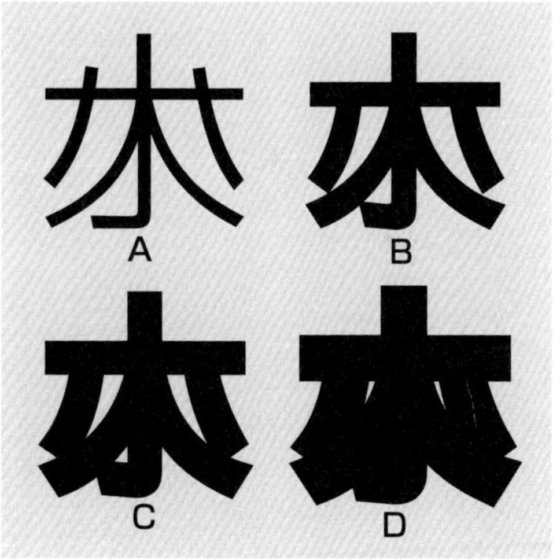

図④

[3] プラス思考力で遊ぶ

1＝部首（部分）・熟語（ことば）

●線や点をプラスすると漢字が完成したり、その漢字にさらに書き加えていくと、次々別の漢字になっていく変化を楽しみましょう。

●Q＝1

●上の漢字に、次々に枠の横に書かれている画数の点や線を加えていくと別の漢字になっていきます。最後の枠では空いたスペースに漢字の部分を書き込んで、カッコ内の漢字と熟語になるように完成できる？

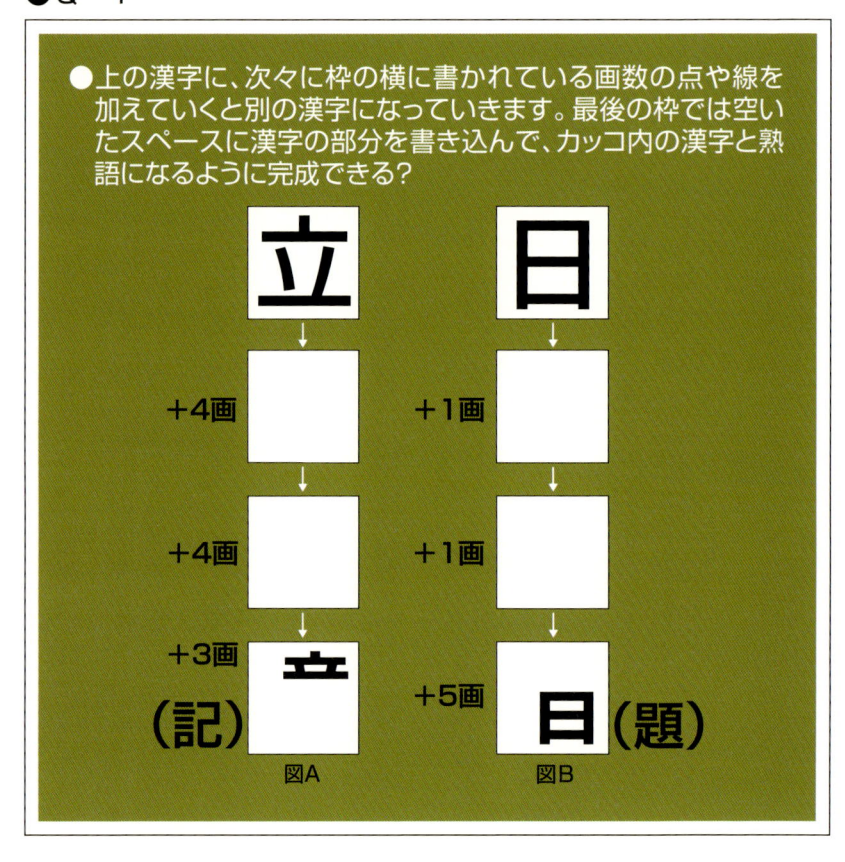

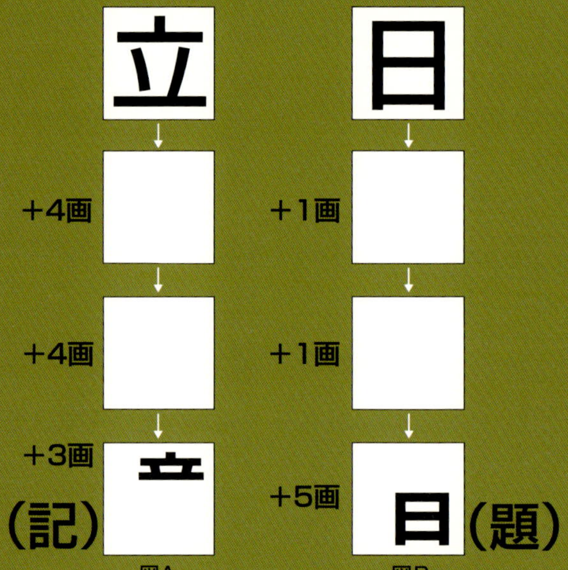

図A　図B

●Q＝2

●八方美字？

8枚の花弁に書いてある図形にそれぞれ2本の線を加えると、漢字ができます。その漢字と、中央にある漢字とを組み合わせると2字熟語ができます。中央の漢字は？

（中央の漢字が上にくる場合も下の場合もあります）

［答え］□

●Q＝1の答

右図の通り

ある形や文字に、与えられた条件に従って線や点をプラスしてゆき、漢字を完成させてみましょう。

図①は指示された画数を書き加えて次々に別の漢字にし、最後の枠には空いたスペースに書き込んで脇にある漢字とで熟語にする難問です。注意点は途中の前後関係を常に意識することです。

図②はその変形で、すべての枠に形と位置のヒントを入れ、最後の枠同士を熟語にします。（答え＝体調）

自分で問題を作成してみる際は、最後にできる漢字の構成状態を凝視し、さかのぼって2字の適性を見極めましょう。

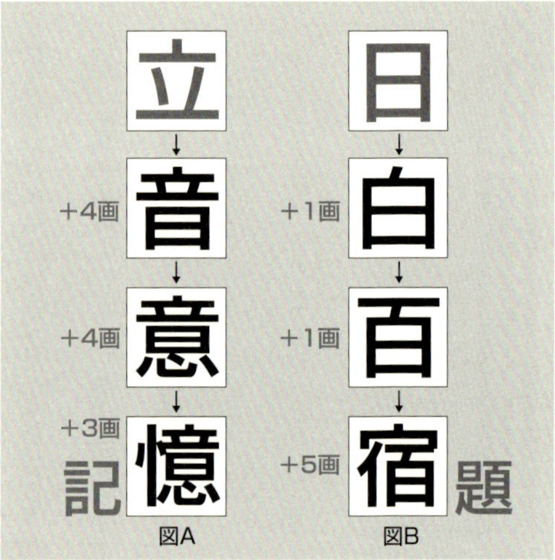

図①

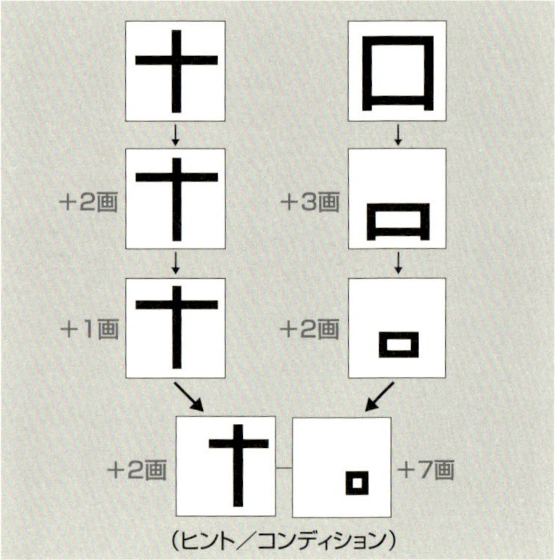

図②

●Q＝2の答

月　（月刊・名月・月末・来月・月食・月収・月光・月日）

周囲の図に2本の線を入れて漢字にするのは、それほど難しくはないでしょう。中央の漢字は、周囲の未完成な漢字を見回しただけで見当がつけば大したものですが、なかなか困難です。

この場合は、周囲の図の脇に考えた複数の漢字を候補として書き留めておき、一巡してから共通する中央の漢字を選択するのが最善の策でしょう。

図④は図③を各3本書き足す1段上級の問題にしたものです。

自作のご参考にどうぞ。

図③

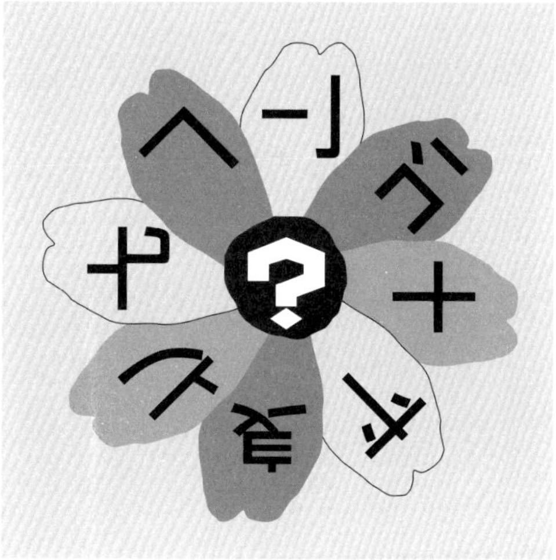

図④

[3] プラス思考力で遊ぶ

2＝線の方向

●決められた方向の線を書き加えていくと、文字とは思えなかった形が漢字に見えてくる不思議感を楽しみましょう。

●Q＝3

●下の図に、14本の水平線をプラスすると3文字にすることができます。
出来上がる3つの漢字は?

[例]
（水平線を4本プラス）

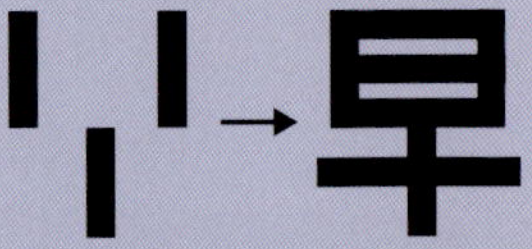

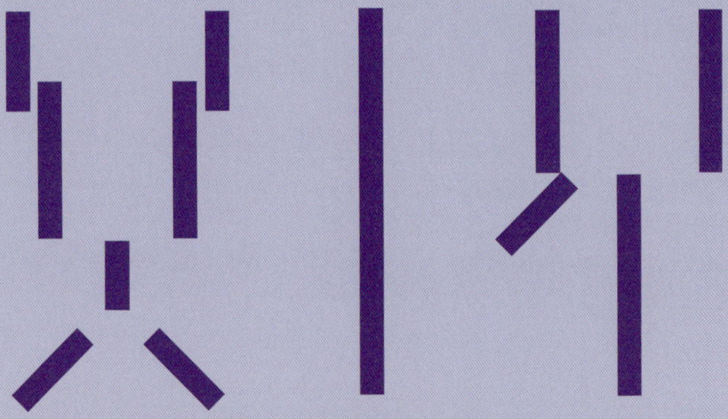

（ヒント:今になって仲間はずれはちょっとさびしい）

●Q＝4

●タイガースのユニフォーム姿になれば？

［例］の左図に縦線を加えると、右図のように「阪神」と読めます。

では、下の野球帽の中に縦線を書き足してできる12字の漢字を組み合わせた3組の言葉は？

［例］

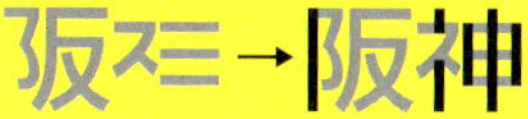

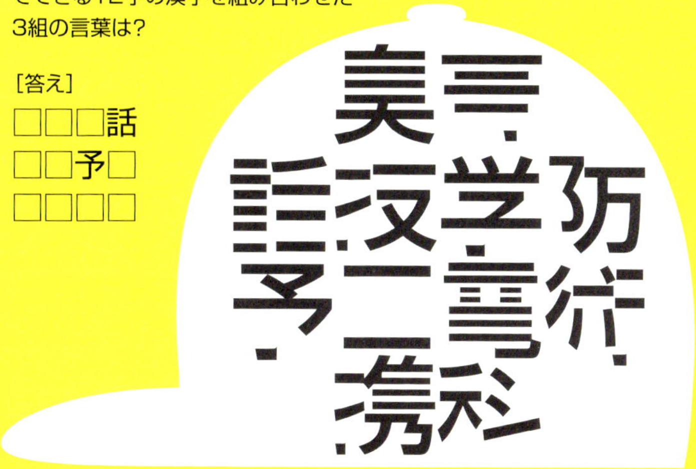

［答え］

□□□話
□□予□
□□□□

●Q＝3の答
冥王星

「線の方向」は、「合成・構成力で遊ぶ」でも遊びましたが、今度は自分で適当な位置に線を書き加えていきましょう。

図①では本数を14本と指定していますが、指定なしでは正解が限定できない場合もあり、面白みが少なくなりますので重要な条件です。少し易しくするには、各文字にプラスする本数を示すようにすればよいでしょう。

図②は字数や画数が多い例、図③は少ない例で、適する文字と適さない文字がはっきりしていることが分かります。

自分で問題を作成してみる際は、この点に十分注意しましょう。

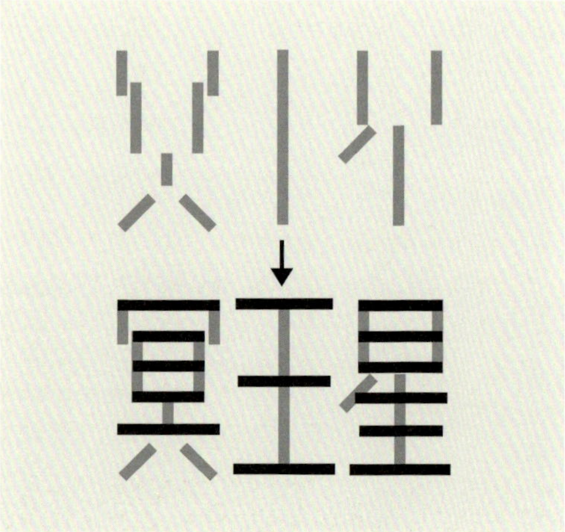

図①

図② 字数や画数が多い例。(答え＝環境破壊)

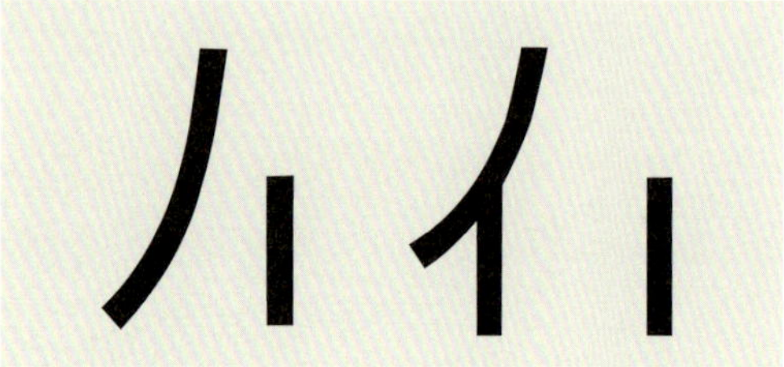

図③ 字数も画数も少なくシンプルな例。(答＝左右)

●Q＝4の答

携帯電話

口臭予防

科学技術

図④では、答えを黒線で縦線を書き加え示しています。もちろん横線のみが抜けている作問も可能です。

図⑤は、図④の2行目を縦線・横線共示しておいて、それ以外の線を書き加える問題、図⑥はその逆で、それ以外の線を示し縦線・横線を書き加えるためのものです。両者を比較してみると、図⑤は簡単すぎ図⑥は見当が付かず難しすぎるようです。ただし、「交」や「糸」のような文字は、それ以外の線から推理できてしまいます。自分でも特徴のある文字を探してみましょう。

図④

図⑤

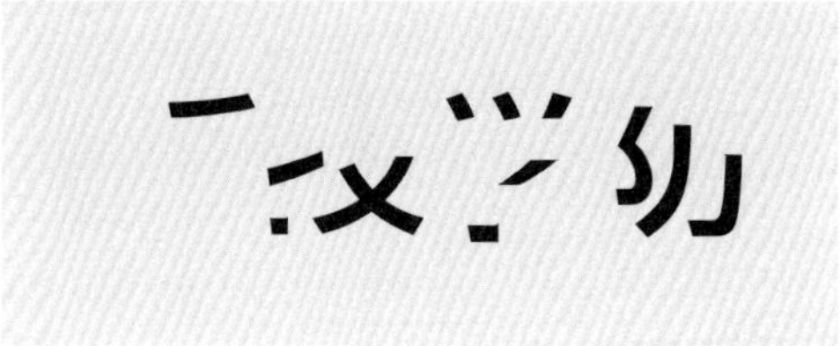

図⑥

[3] プラス思考力で遊ぶ

3＝交差点

●漢字の骨組みの交点と曲がり角だけから、何の漢字か推理してみましょう。

●Q＝3

●下の図は、ある1文字の漢字の骨組みにある交点と曲がり角だけを示したものです。ここから線を延ばしてできる字が何の漢字か推理できる?

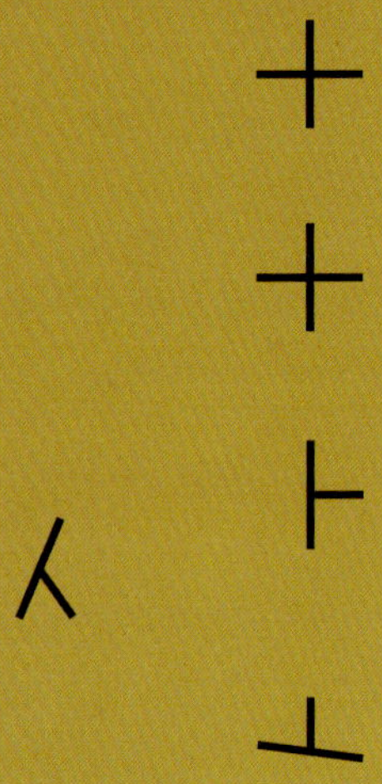

●Q＝4

●交差点と曲がり角で考え込む？

右のT字路や交差点、曲がり角は、線を上手に延ばしたりつなげたりすると「血圧計」になると推理できます。

では、下の図A、図Bは何という単語？

［答え］図A＝□□□
　　　　図B＝□□□

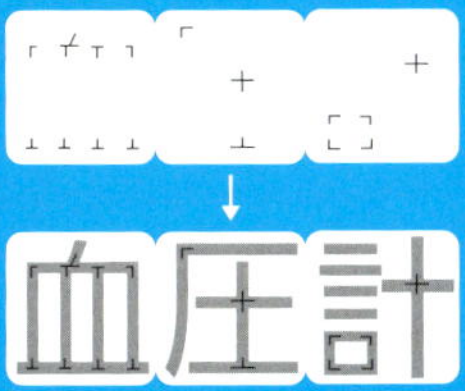

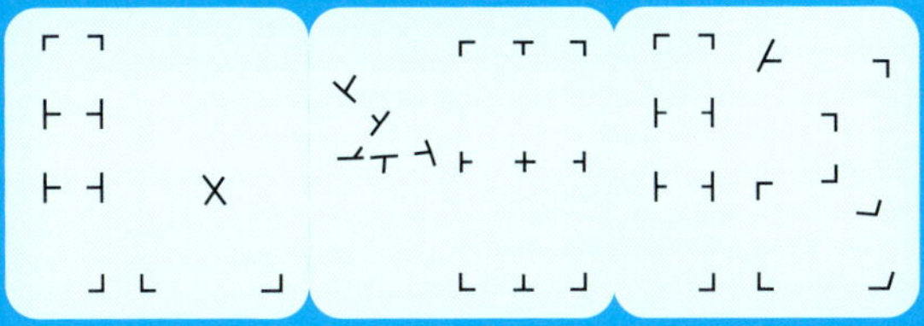

図A（ヒント:今使いどき）

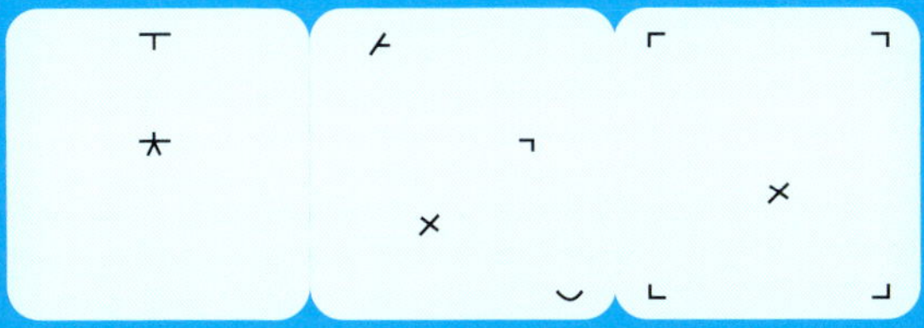

図B（ヒント:予報）

●Q＝5の答

走

交点しか表示されていないので、全体像がなかなか把握しにくく、文字によっては問題にならない漢字もあります。

図①は比較的易しい問題です。じっと見つめていると、様々な線が交点から延長されたイメージで浮かび上がり、試行錯誤しながら書き加えているうちに、左下の左はらいの上端さえ短く止めれば「走」になることに気が付くでしょう。

図②の左上・右上のように、交点のない線が入ると難しくなります。

自分で問題を作成してみる際は、まずすべての線に交点のある漢字で試作してみましょう。

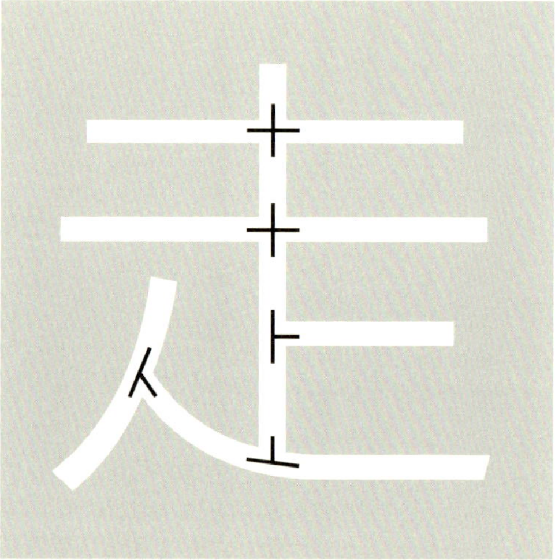

図①

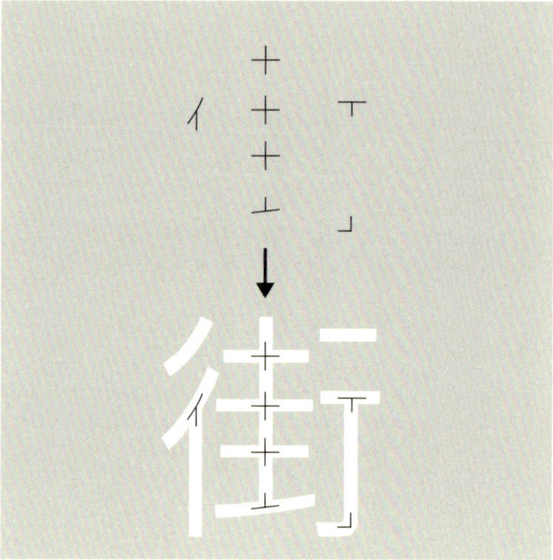

図②

●Q＝6の答
A＝脳細胞
B＝天気図

図①の「脳細胞」では、まず「胞」が見えてくるはずです。すると、関連して細胞が連想され「細」が見えます。「脳」は右上に交点がないので難しいかも知れませんが、左側の「月」は「胞」と同じですし、右下の×と組合わさって「脳」が連想されます。

このように3文字以上の熟語ですと、他の文字から推理しやすくなりますが、「天気図」のように全体的に交点が少ないと苦労します。

図④は、別の文字でも交点は同一の例で、欠点のようでありながら、面白い点でもあります。

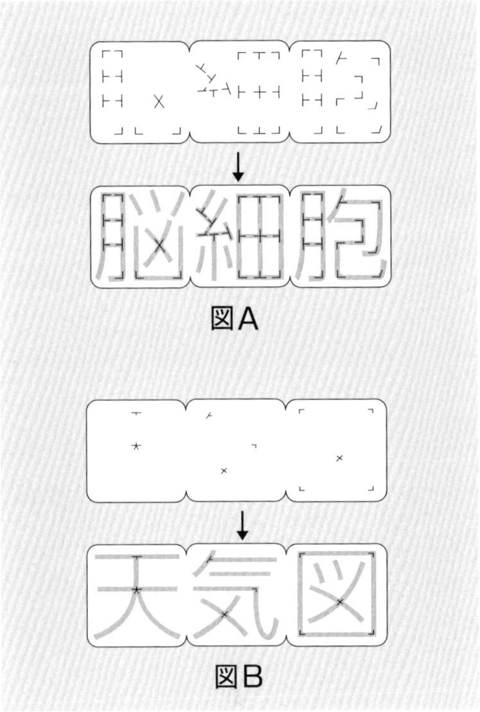

図③

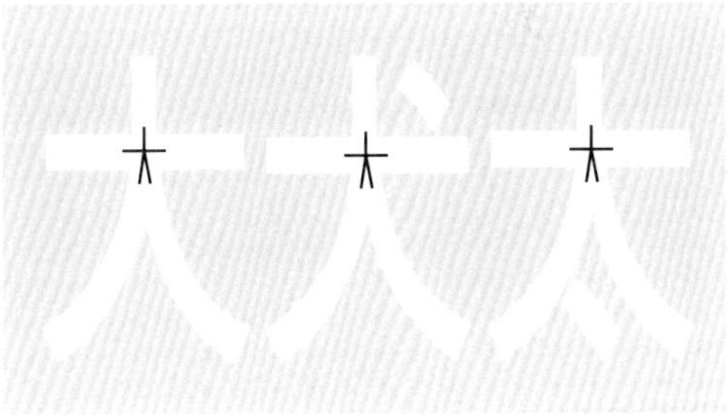

図④

[4] 共通性発見力で遊ぶ

1＝部首（部分）

●複数の漢字の中にある部首や部分の共通点を探してみましょう。

●Q＝1

●だんご七五三兄弟？

●A,B,Cの漢字のだんごは、串ごとに共通のある漢字をつけると別の漢字ができます。その3つの漢字の部分を組み合わせてできる漢字は？

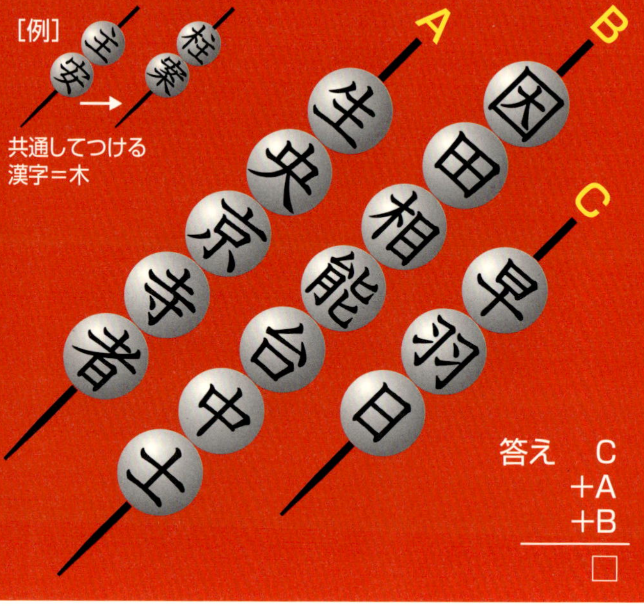

[例]
注
安
柱
案
共通してつける
漢字＝木
A
生
央
京
寺
者
B
因
田
相
能
台
中
士
C
早
羽
日
答え C
＋A
＋B
□

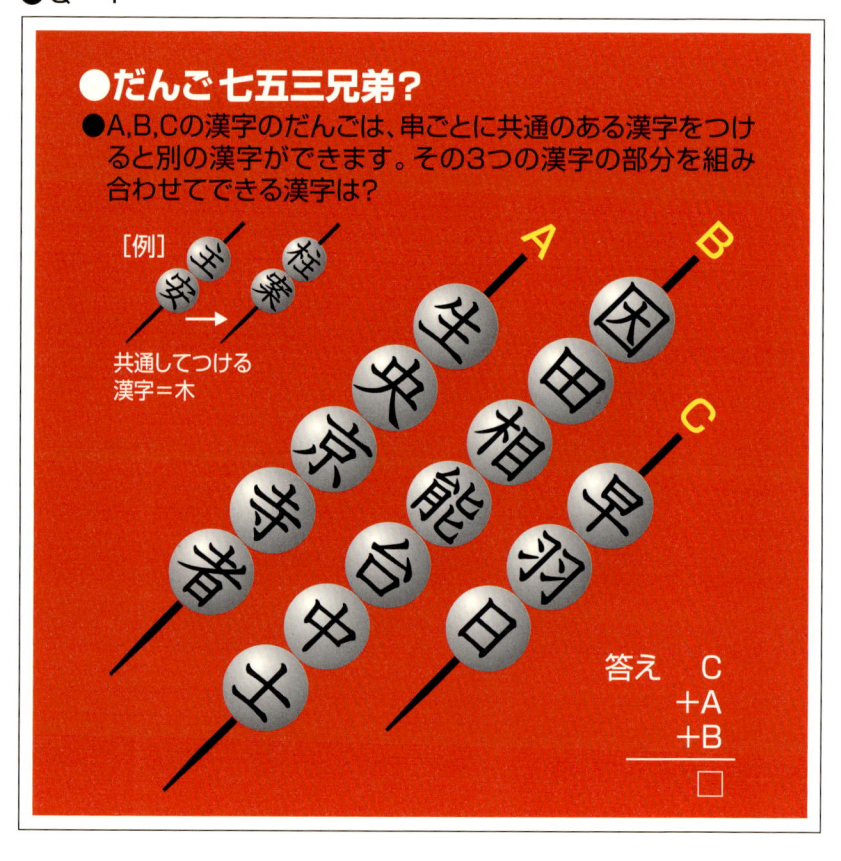

●Q＝2

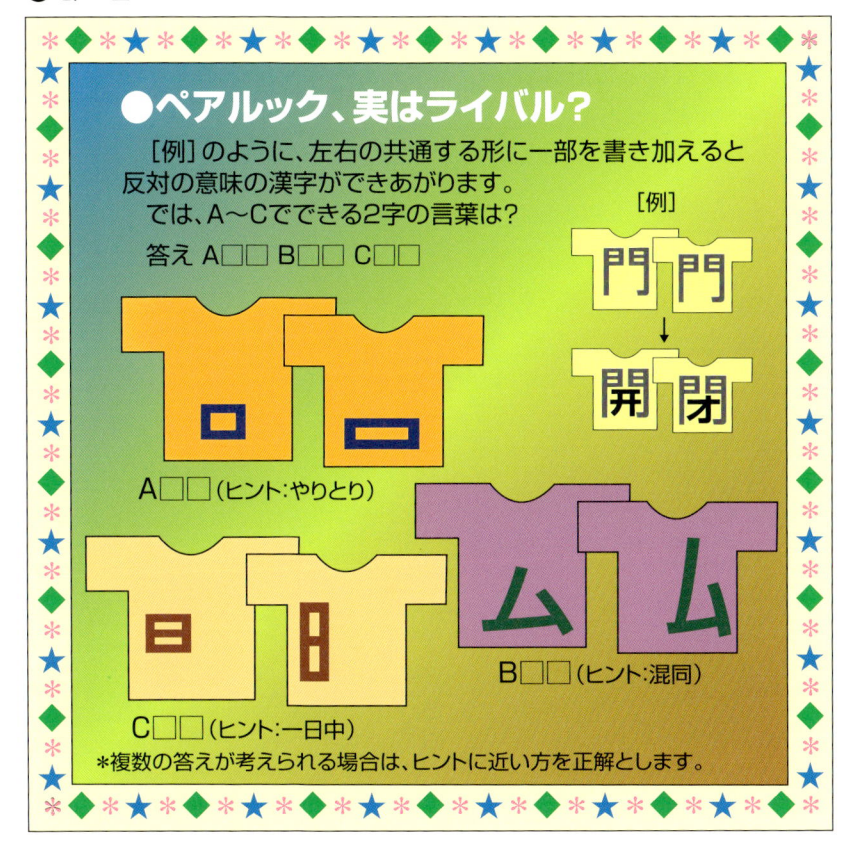

●ペアルック、実はライバル？

［例］のように、左右の共通する形に一部を書き加えると反対の意味の漢字ができあがります。

では、A〜Cでできる2字の言葉は？

答え A□□ B□□ C□□

［例］

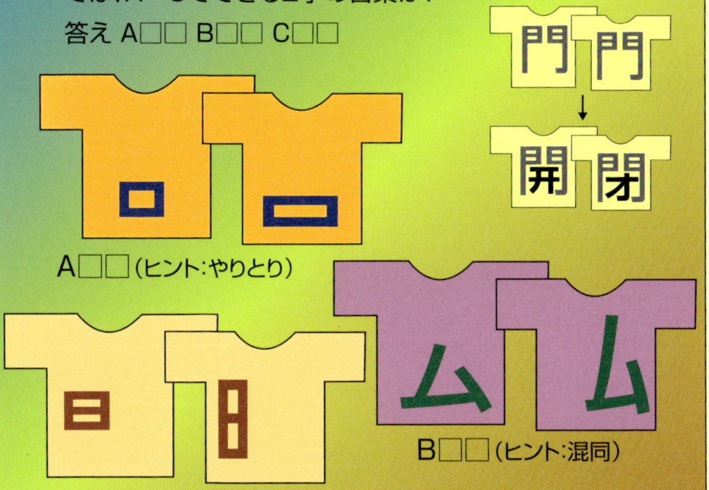

A□□（ヒント：やりとり）

B□□（ヒント：混同）

C□□（ヒント：一日中）

＊複数の答えが考えられる場合は、ヒントに近い方を正解とします。

●Q＝1の答
意（C+A+B=立+日+心）

複数の文字にどんな共通点があるかを発見し、それぞれに共通する要素を付加し漢字を完成させてみましょう。

Bの「心」ように、すべて同じ位置に共通部分がある場合は比較的推理しやすいのですが、Cの「立」のように上下に変化したり、Aのように位置ばかりか形も極端に変形すると、難易度は大幅に上がって意外性も楽しめる面白い問題になります。

自分で問題を作成してみる際は、漢和辞典などで、部首ごとのまとまった表記などを参考にするのもよいでしょう。

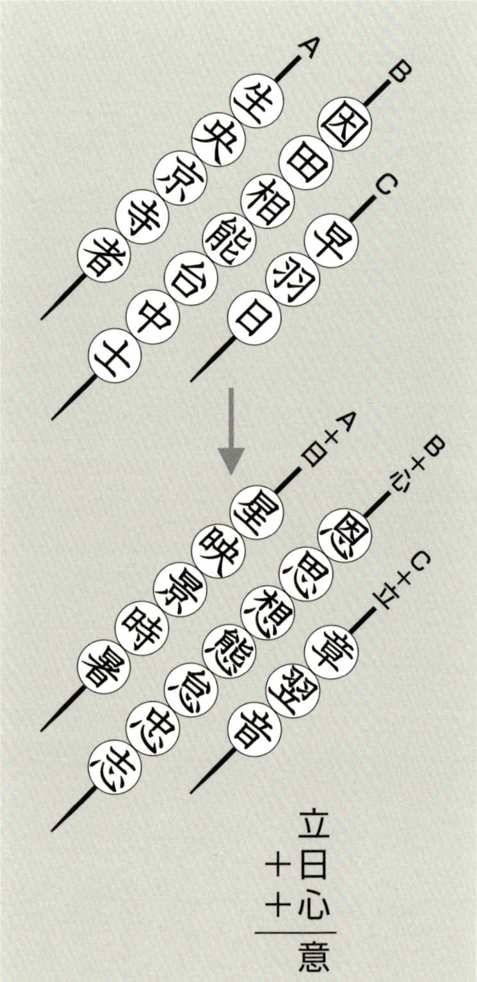

図①

●Q＝2の答

①問答

②公私

③朝晩（または明暗）

共通部分がすでに示されていて、その位置を参考にしながら余白のスペースを埋めて完成させる問題です。

この問題では、2字が反対の意味と限定し興味をもたせています。もしその条件なしだと複数の答えが出ます。その数の多さで競うのも面白いかも知れませんが。

図③では、同一の文字が四方八方に位置を変えて配置されていて、余白に他の部分を書き込み、8字を完成させます。

「日」ではなく「木」でも作れます。自分でも挑戦してみましょう。

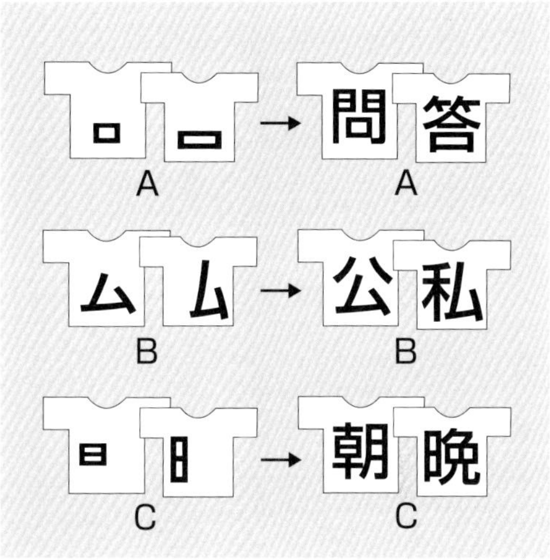

図②

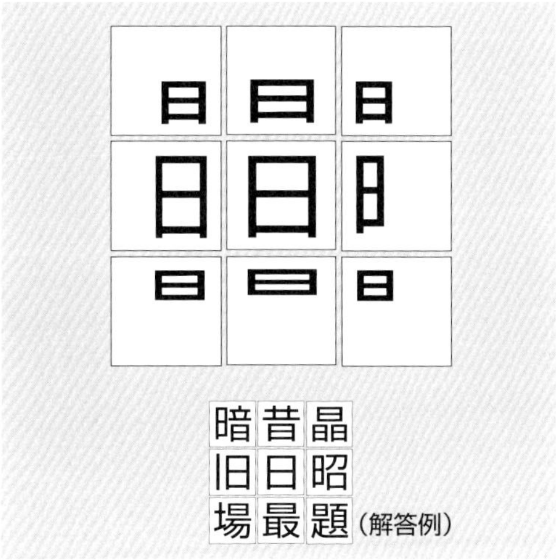

図③

[4] 共通性発見力で遊ぶ

2＝熟語（ことば）

●複数の漢字にある共通点を探してみましょう。

●Q＝3

●周囲の5文字と共通して熟語になる中央に入る漢字は？
[例] 生活・生地・生糸・生長・生産
生
厚
和
？

●Q＝4

●蜂の巣にいる漢字？

矢印方向に組み合わさって熟語になります。空白に入る漢字3文字でできる新たな熟語は？（ヒント：頭の中を拝見）

答え □□□

（答えが複数考えられる場合は、ヒントに最も近い言葉を正解とします）

●Q＝3の答

温

漢字は仮名やアルファベットとは異なり、単独でも意味をもっている表意文字です。1字1字のマスターも大切ですが、他の漢字と組み合わさることにより生まれる新たな言葉の豊富さが、大きな威力でもあります。

共通する漢字を考えるこの種の問題は、語彙を豊富にし、コミュニケーションを円滑に、多彩にする力を付けてくれることでしょう。

図②は、その発展形で、出来た漢字同士をさらに熟語にする例です。（答え＝温暖化）

自分で問題を作成してみる際は、逆引きができる辞書があると便利です。

図①

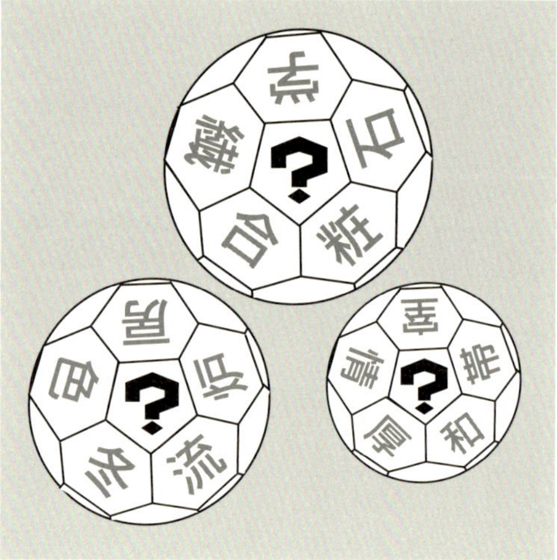

図②

●Q＝4の答

脳波計

前ページで、図②になると図①にはない面白さが生まれましたが、図③は一層難問になります。

この問題の特徴は、図①の形における周囲の部分同士が共有されていることです。難しくなりすぎるため、熟語になる方向を矢印で示しています。

作問する側の方が大変苦労する問題で、熟語にならない箇所がどうしてもできてしまうことが多く、その場合は図のように矢印は入れてありません。

図④は共通する漢字の尻取りをしながら1周します。問題を作成する場合は、始点と終点との接続で苦労します。（答えの例＝発→明、室、外、語、校、出）

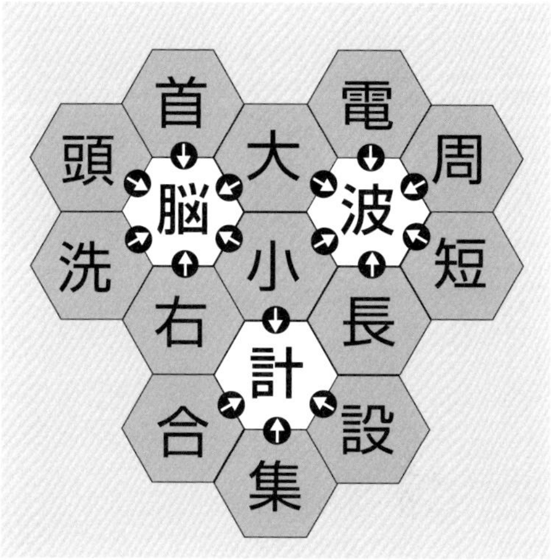

図③

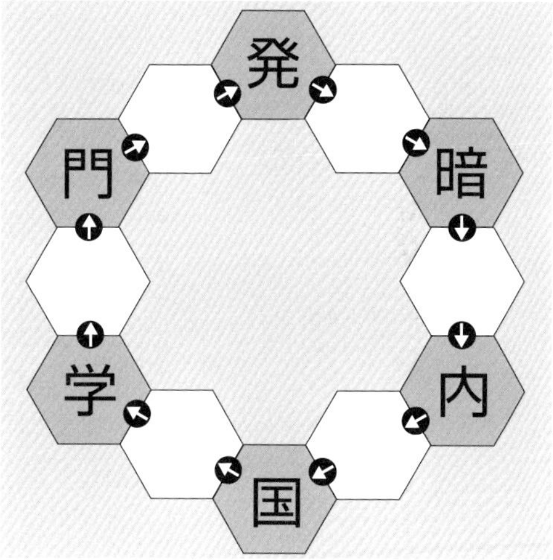

図④

[4] 共通性発見力で遊ぶ

3＝ルール

●特に意味なく置かれていたり、順番に並べられたりしている漢字を見て、そこに隠された共通性のあるルールを探し出してみましょう。

●Q＝5

●図A、図Bのそれぞれ5つの漢字の共通点は？

答え 図A＝□と□める。（ヒント：耳が知ってる）
図B＝□□えの中に入る。(ヒント：国際問題ではありません）

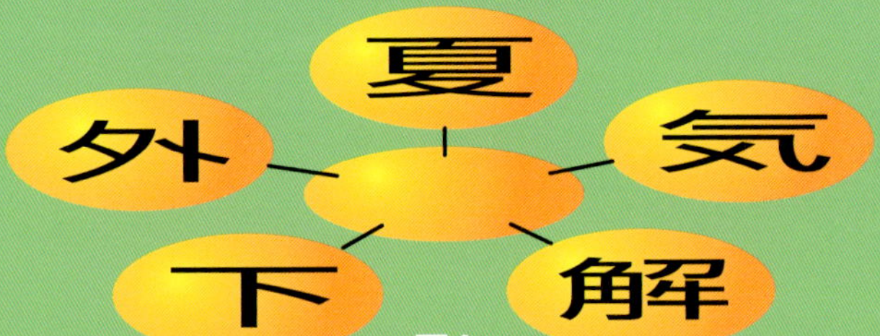

図A

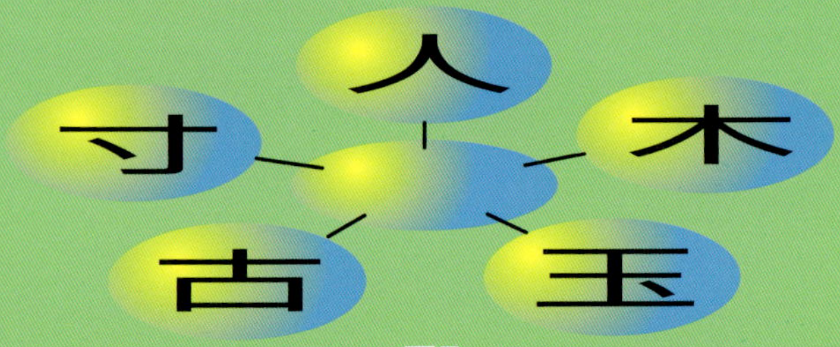

図B

●Q＝6

●ルール発見？

あるルールに従って漢字が並んでいます。矢印の方向に進むと、次に到達する漢字はそれぞれ①と②のどっち？

答え 図A＝□（ヒント:指を折る）
図B＝□（ヒント:ダイアリー）

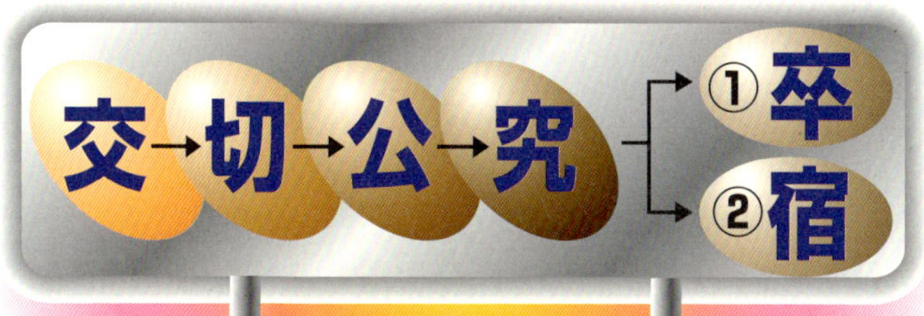
交→切→公→究
①卒
②宿

図A

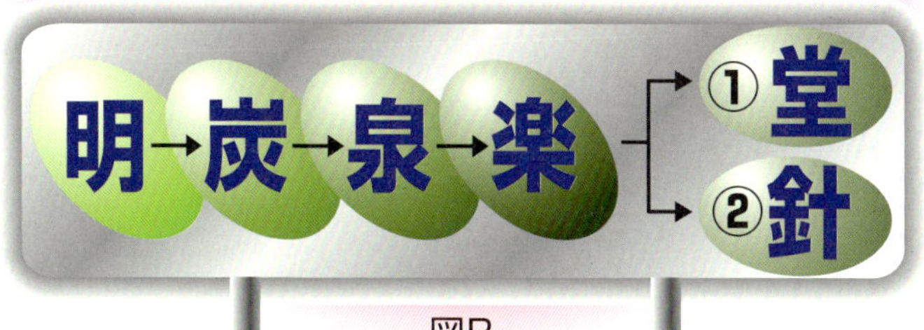
明→炭→泉→楽
①堂
②針

図B

●Q＝5の答

図A＝ゲと読める。

図B＝国構えの中に入る。

漢字に関しての共通性で容易に考えられる部首（部分）や、熟語（ことば）以外に、読み方でも考えてみましょう。

漢字の読み方には、中国での読み方に基づく「音」と、和語にあてて読む「訓」があります。「音」には伝来の時期とルートにより呉音・漢音などがあり、その複雑さの中から共通性を見出す意外性が、この種の問題の面白さになります。

自分で問題を作成してみる際は、図Bのような意外な部首など、その他の共通性も幅広く見直してみましょう。

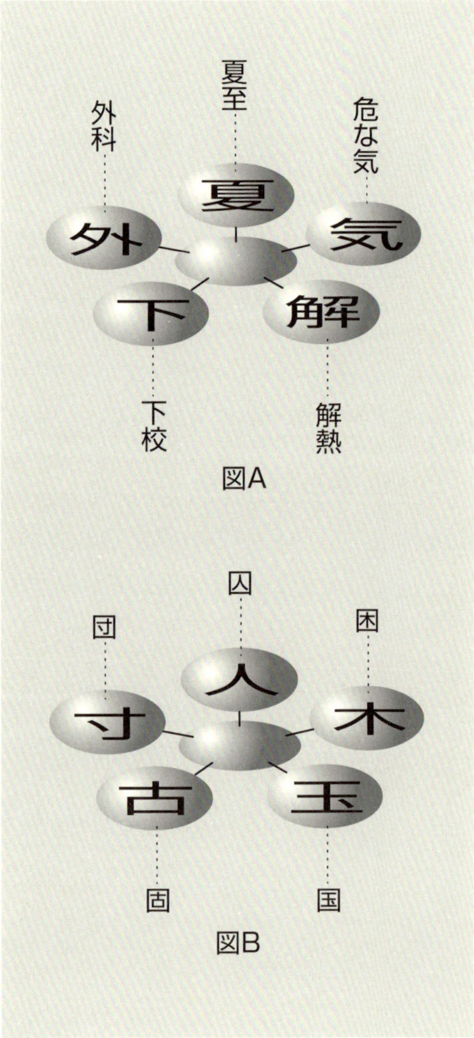

図①

●Q＝6の答
図A ①（卒）
図B ②（針）

あるルールに従って並んでいる漢字を見て、どんな視点で捉えるとそのルールが成立しているかを見破り、解答を導き出してみましょう。

図②では各漢字の変遷の関係を、視点を変えて順序を意識して凝視すると漢数字や曜日に気が付きます。

図③Aはヒントからすべて「ニン」と読める五文字で「ゴニン＝誤認」、Bは□（四角い空白）がある数の増加から5つある「曜」になります。

自分でも、世の中にある順序をアレンジし、新ルールを設定して問題を作成してみましょう。

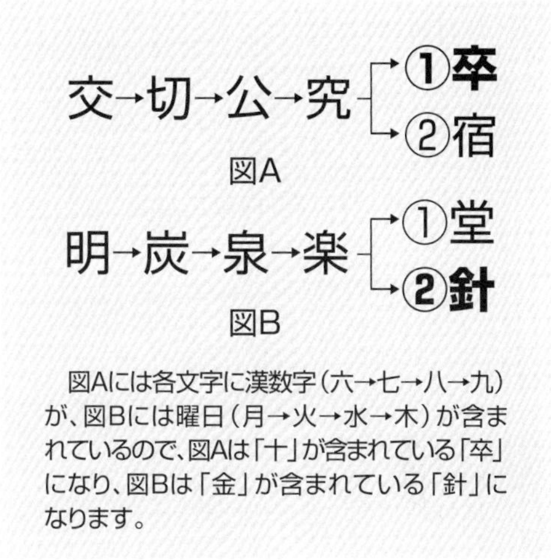

交→切→公→究
①卒
②宿
図A
明→炭→泉→楽
①堂
②針
図B
図Aには各文字に漢数字（六→七→八→九）が、図Bには曜日（月→火→水→木）が含まれているので、図Aは「十」が含まれている「卒」になり、図Bは「金」が含まれている「針」になります。

図②

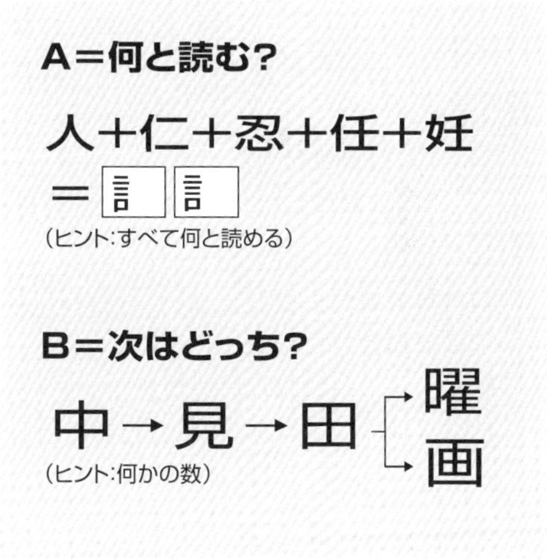

A＝何と読む?
人＋仁＋忍＋任＋妊
＝
（ヒント:すべて何と読める）
B＝次はどっち?
中→見→田
曜
画
（ヒント:何かの数）

図③

[5] 空間把握力で遊ぶ

1＝移動

●移動して残る跡を見て、その前後関係や、必要な線と不必要な線を見分けることにより、どんな漢字の軌跡かを推察してみましょう。

●Q＝1

●通りの名は「筆順通り」？

●漢字を筆順に沿って一筆書きする道路をつくりました。筆順の正しくない通りの図はどれとどれ？

（小学校で学習する筆順に従います）

●Q＝2

●輝く星座からの推理？

例のように番号順（筆順とは無関係）に線を引き、その軌跡の中の不要な部分を消すと漢字になります。

では、右のツリーの中の星座でできる漢字は？

［答え］□

［例］

●Q＝1の答

①上と④右

文字を書く際に、紙から鉛筆を離さず線を一筆書きのように連続させ、その軌跡から筆順の正誤を問題にしてみましょう。筆順には基本的な法則があって、書道との関係でその方が美しく書けるというのですがいかがなものでしょう。

筆順をテストの減点材料にしたり、厳密性を必要以上に重視する傾向は賛成しかねますが、ここではプロセスを線の動きと重なりで見せる面白さを楽しんでみましょう。

自分で問題を作成してみる際は、この他「田・男・角・馬・聞・万・感・乗・発・皮・必」などが好材料でしょう。

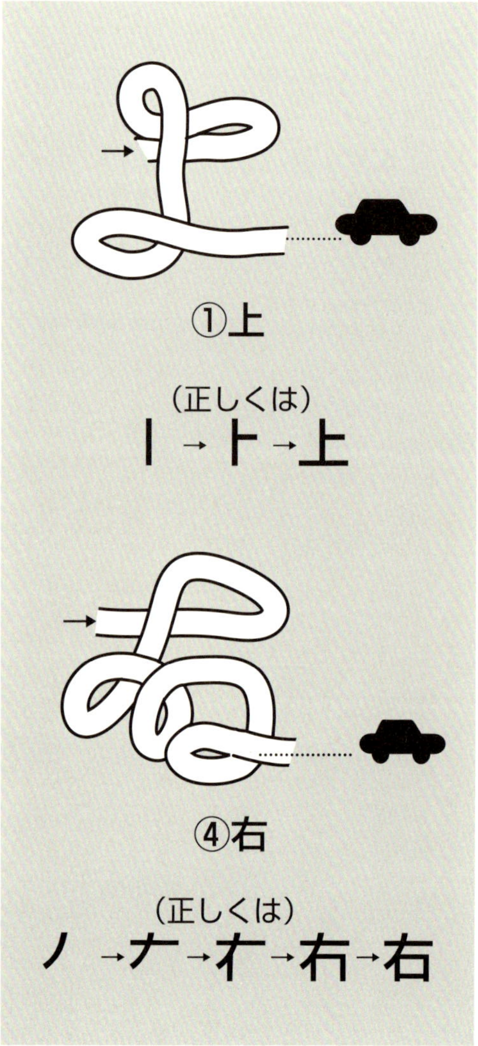

図①

●Q＝2の答

星

筆順による線の軌跡から漢字を推測することは、図②の右図のように線を実際に書いてみればそれほど難しくはないかも知れませんが、左図のように順序を示した位置だけからの判読は容易ではありません。ここでは、できるだけ指でなぞるだけで解いてみましょう。

図③の上図で読みとれますか。下図のように線を引いても不要の線の選択眼がものを言います。(削除する部分は②～③、④～⑤、⑧～⑨、⑩～⑪で、答えは「必」です)

自分で問題を作成してみる際は、この漢字のように筆順を間違いやすい文字が特に有効です。

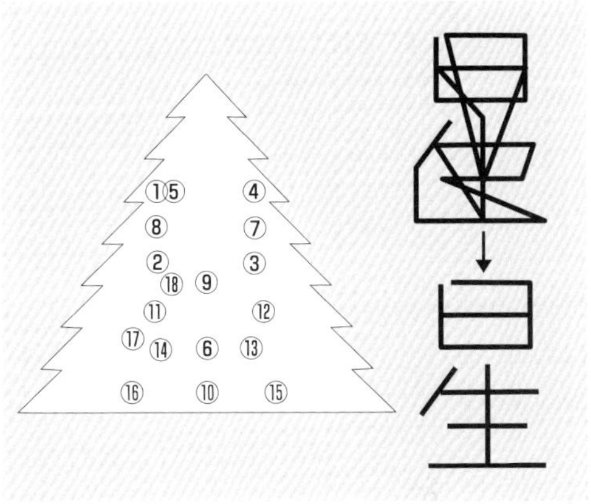

図②

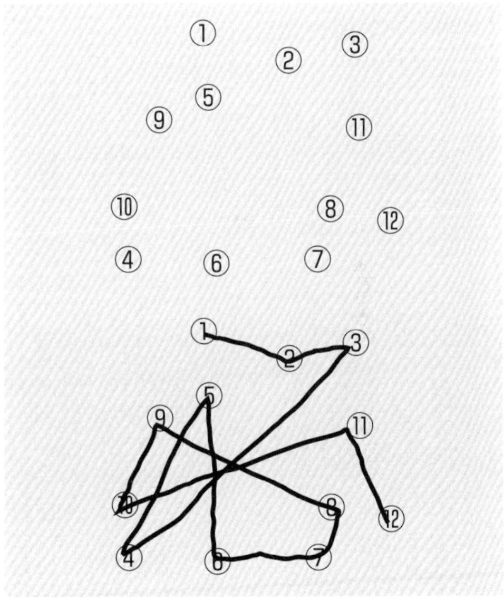

図③

[5] 空間把握力で遊ぶ

2＝表裏

●透明なフィルムの表裏に文字を書いたり、布に漢字を縫いつけたりすると、思わぬ線が現れます。その想定外の姿から、元の漢字を推理してみましょう。

●Q＝3

●重なっちゃった表示文字？

●あることばをガラスの表裏に表示したところ、透明なので文字が重なってしまいました。それぞれに書いてある文字は？

●Q＝4

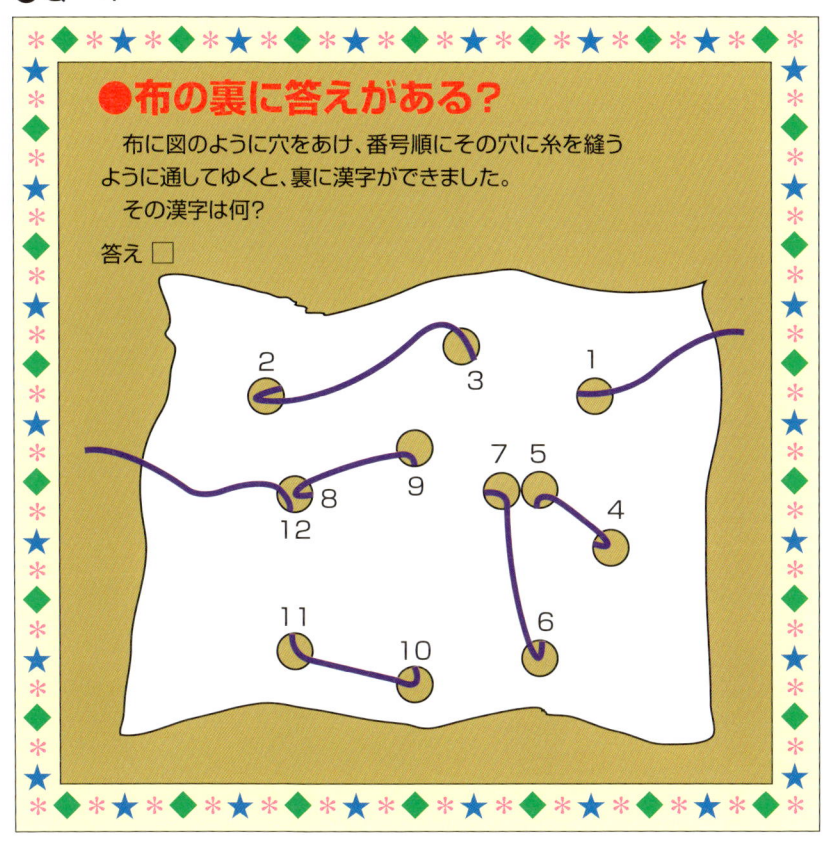

●布の裏に答えがある？

布に図のように穴をあけ、番号順にその穴に糸を縫うように通してゆくと、裏に漢字ができました。

その漢字は何？

答え □

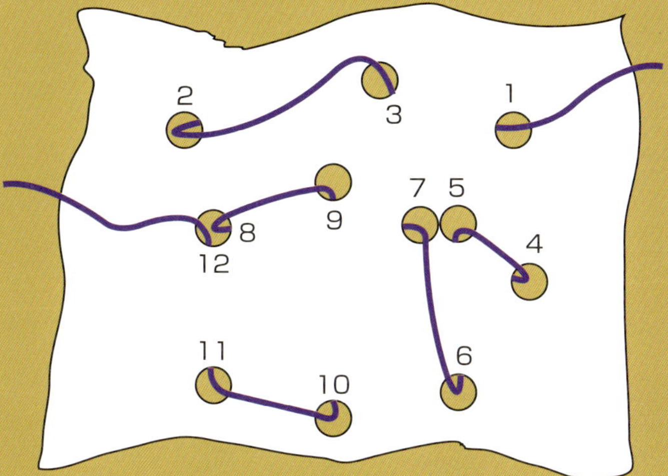

●Q＝4の答

上段 出口、入口

下段 OUT、IN

透明なガラスの裏から見ても、漢字は仮名や数字ほど読み間違えませんが、両面が重なると判読できなくなります。

画数の少ない文字が適しますが、図①はピッタリ重なる部分が多いので見分けにくく、実在しそうな言葉である点が問題を面白くしています。

図②は、ハート型が点線で折られて正方形になる透明なカードですが、角度が異なって重なり合うため、位置関係の把握力が要求されます。（答え＝愛）

自分で問題を作成する際は、思わぬ結果になるので必ず試作で実験し確認してみましょう。

図①

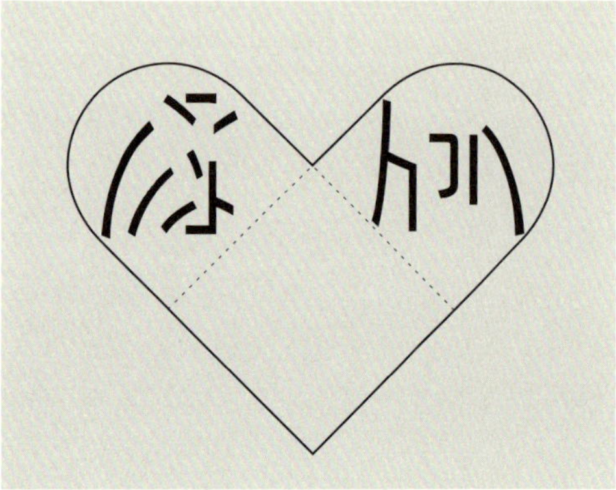

図②

●Q＝4の答

布

不透明な布のような素材を糸で縫った場合に、裏がどうなっているかを想像してみましょう。

頭の中だけでもし推理できれば大した空間把握力です。お手上げの場合は、図Bのように糸が裏にまわって隠れている部分を書き入れてみてましょう。そしてその図が鏡に映った状態（左右が逆になる）を想像してみましょう。図Cが求める裏面の糸の図です。

小刻みに縫ってゆくような漢字を図にすれば、連続状態の暗示がしやすくなり易しくなります。自分で作問する際は、その点の調整をしてみながら作るとよいでしょう。

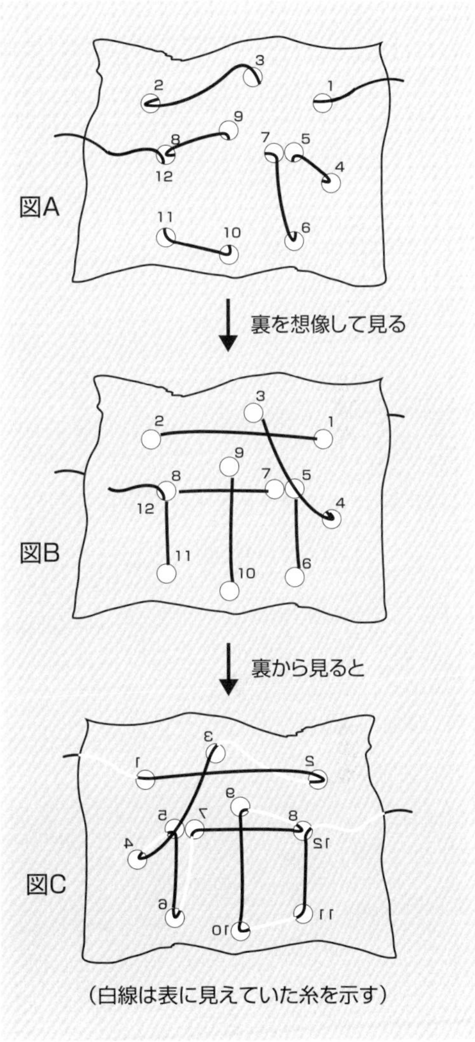

図A
裏を想像して見る
図B
裏から見ると
図C
（白線は表に見えていた糸を示す）

図③

[5] 空間把握力で遊ぶ

3＝鏡映

●鏡は姿を正しく映すと思いきや、置かれる位置や角度により、不思議な見え方をします。その面白さを楽しみましょう。

●Q＝5

●ABそれぞれの図の上のどこかに鏡を垂直に立てて映すと、表裏で別の漢字に見えます。その2二字でできる熟語は?

A

B

●Q＝6

●ピラミッドの航空写真？

右上のような鏡でできたピラミッドを、下図の真ん中に置いて真上から見下ろします。

その時みえる漢字は？

答え □

●Q＝5の答

A＝火山

B＝日中

左右が逆に書かれた文字を鏡文字と言い、鏡に写す場合、形全体を映せば逆の文字になります。しかし部分しか写らない所に鏡を垂直に立てて見れば、その線が対称軸になった左右対称の形になります。

図①は垂直線、図②は水平線が対称軸になるように置くのですが、その置く位置の発見と両面を組み合わせる時の意外性がこの問題特有の楽しみです。

図②は斜めに置く例ですが、発見できた瞬間は格別の喜びです。

自分でも問題を作成してみてください。

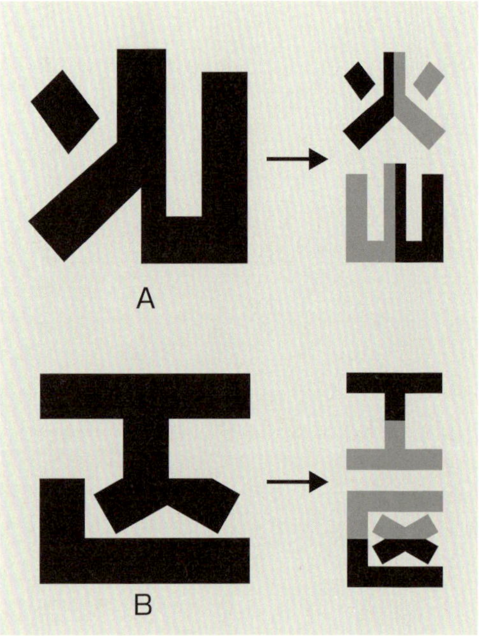

図①

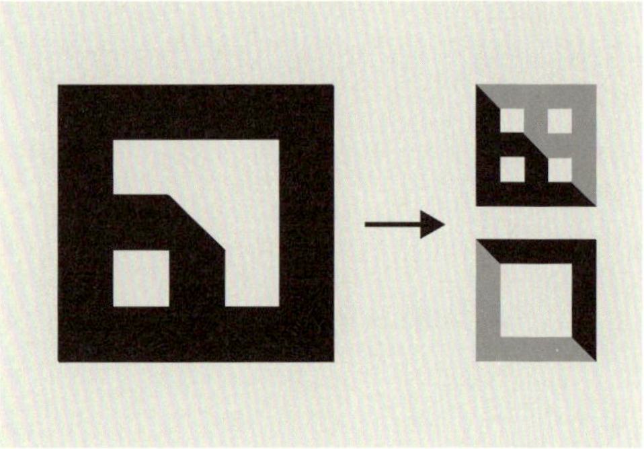

図②

●Q＝6の答
　墓

　空間把握力で遊ぶ問題は、予想とは異なる結果が多く出現します。だから面白いのですが。

　実は、この問題は最初図④の左図のように作図し、新聞社へ入稿する直前に念のため模型を作り実験したところ、図④の右図のように見えてしまい冷汗をかきました。

　図③では直感的に中央の四角形からはみ出してしまうと感じませんか。しかし、図のような細長い3角形でないとピッタリと収まりません。

　自分で問題を試作してみて、もし誤った結果になれば、それだけ意外性がある証拠ということにもなりましょう。

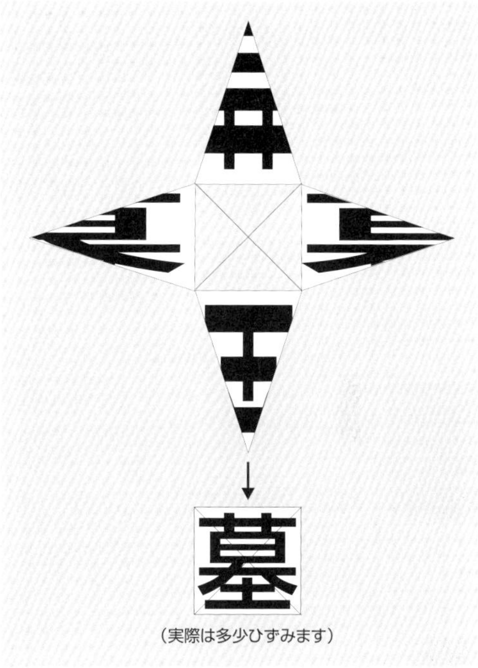

図③

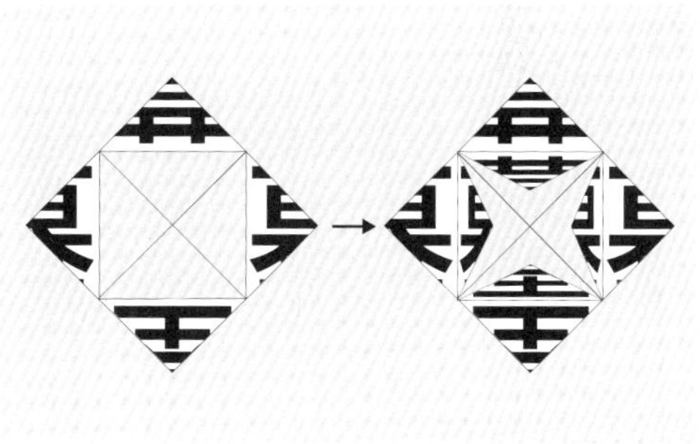

図④

[5] 空間把握力で遊ぶ

4＝立体

●球はどこから見ても同じ形ですが、他の立体は見るアングルにより姿を変えます。透明体と不透明体でも見え方が変わります。その面白さを楽しみましょう。

●Q＝7

●白いワイヤーの立方体の中に図のような赤いオブジェがあります。
矢印の三方向から見える異なった3つの漢字は?

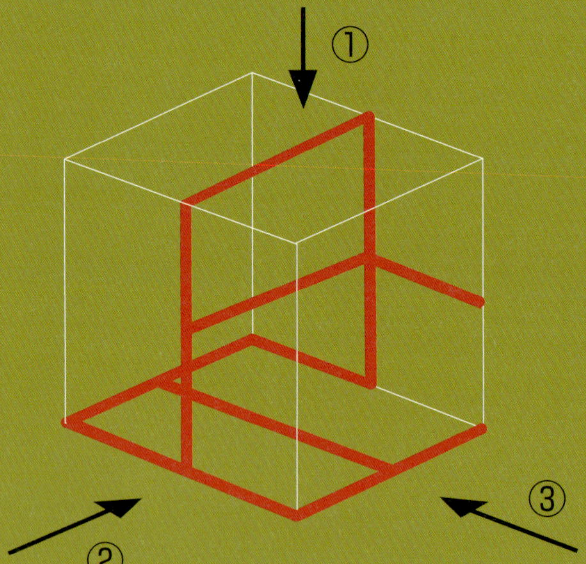

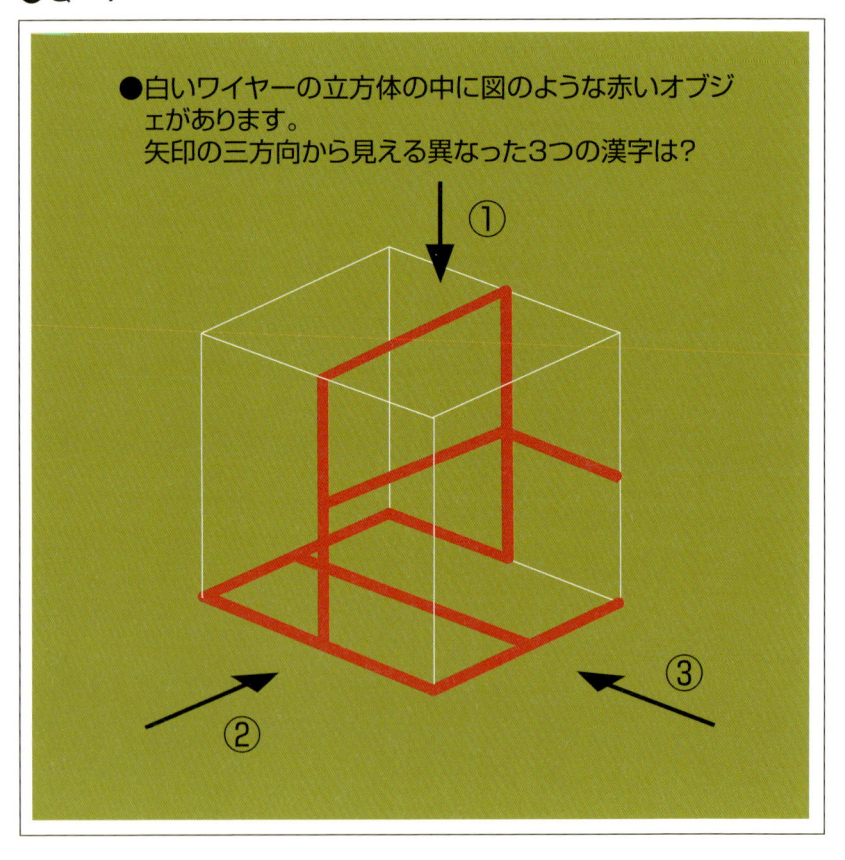

●Q＝8

●透明なサイコロで見えるもの？

下は立方体の展開図です。透明なフィルムでこの立方体を組み立て、3方向から透かして見ると浮かび上がる3字のものは何？

答え □□□

（口、耳、わきに関係します）

●Q＝7の答

①田・②上・③日

二宮金次郎の像が、側面から見ると逆立ちして見える福田繁雄さんの有名な立体デザインがありますが、ここでは3方向から異なった漢字に見える立体に挑戦してみます。

図①において、Aでは線はないのに真上から見るとDと重なり、BとCはEが補足し「田」に見えます。どこにも答えの3文字はないのに、ある視点からは合成されて見えるという仕掛けです。

図②は駅などでよく見る表示です。実際には下図のような微妙な設計の調整を要しますが、パズルではそこは気にしないで空間思考力を楽しみましょう。

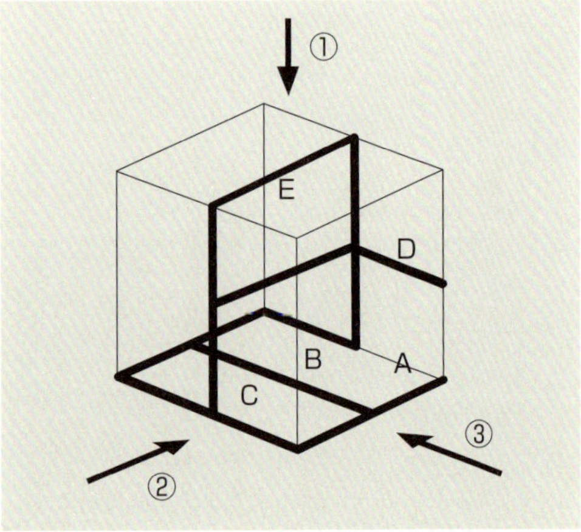

図①

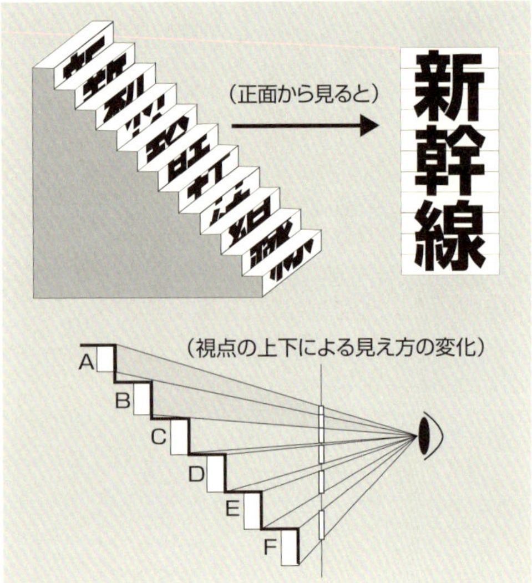

図②

●Q＝6の答

墓

パズルの問題で、よく難易度を★の数で表示してありますが、それに準ずればこの問題は★★★★★です。

まず立方体に組み立てた状態を想定しなければならないのですが、サイコロの展開図は11種類あり、ここの図は裏面がどの正方形でどの向きになるかが最も想像しにくい展開図なのです。

図Bはその組み立て図で、グレーが裏面の線です。この透明な立方体を図Cの方向①、②、③から重ねて見ると、図Dになります。

自分で問題を作成してみるときは、まず模型の作成が必要です。

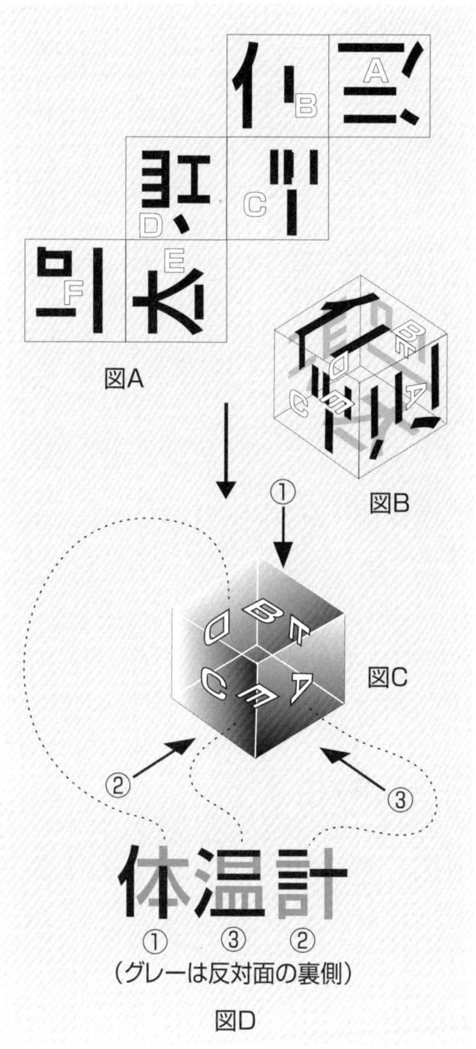
A
B
C
D
E
F
図A
図B
①
図C
②
③
体温計
①
③
②
(グレーは反対面の裏側)
図D

図③

[5] 空間把握力で遊ぶ

5＝回転

●回転軸を回すと残像で別の形が見えたり、円板を回転させると元の形が見えにくくなったりします。それぞれの状況から判断して目も頭も回転させてみましょう。

●Q＝9

●頭も回転させる立体思考?

［例］の図Aを回転させると図Bのように「本」に見えます。
では、図Cを回転させると何に見える?

［例］

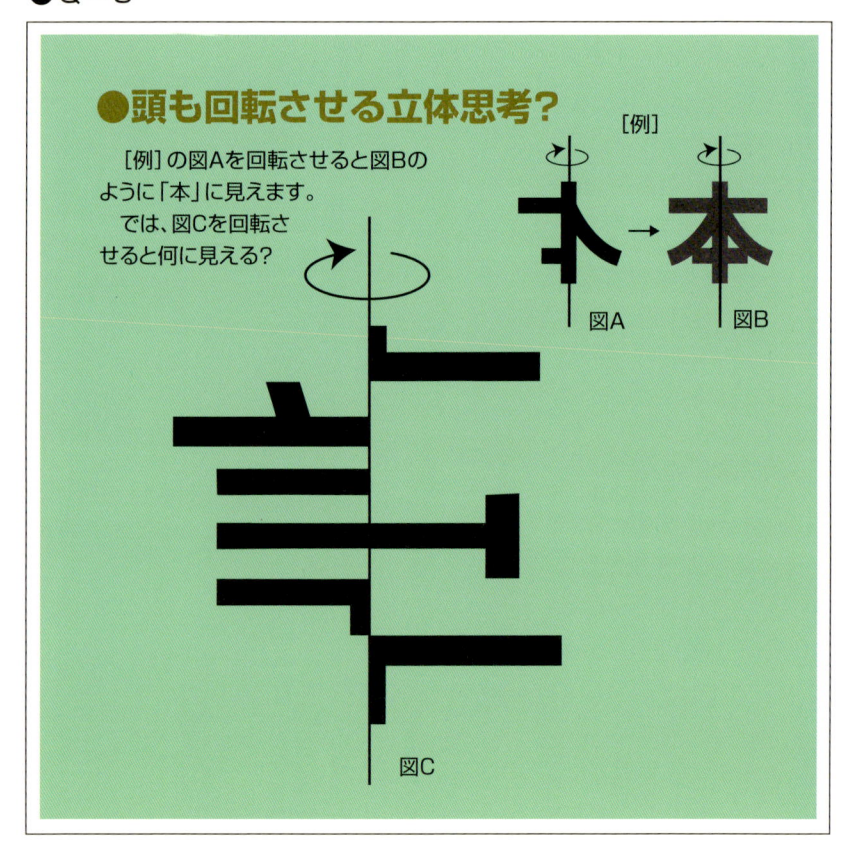

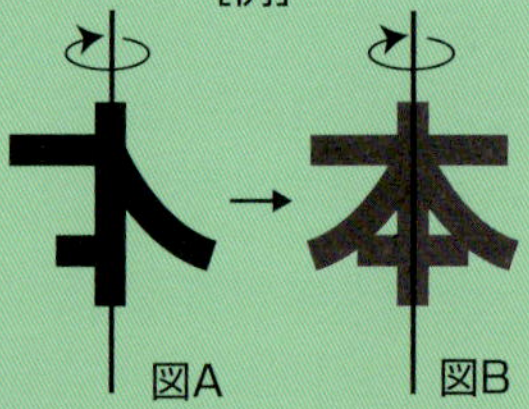

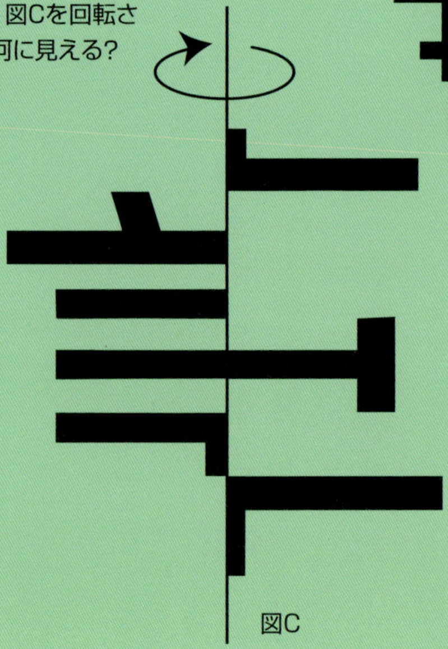

●Q＝10

●ストロボ風車？

［例］のように「字」を回転させて、ストロボでマルチ発光撮影すると、図Aになります。

では、図Bで回転している2本の漢字でできる熟語は？

［答え］□□

［例］

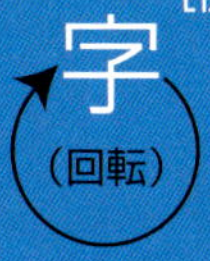

図A

図B

●Q＝9の答

章

左右対称の形を、対称軸を回転軸として回転させると、そのままの形が見えます。次に左右どちらかの半分の形を回転させても、やはり同じ形が淡く見えます。と言うことは、反対面の形を共有できるので、自由に左右に線を振り分けても大丈夫と言うことになります。

図①では、回転すると上手く補い合い線が連続し、右図のようになりますし、図②は「囲」の例ですが、線の連続性を感じさせません。

作問の際は、すべての線が回転軸と接続していないと、実際には回転不可能であることを知っておきましょう。

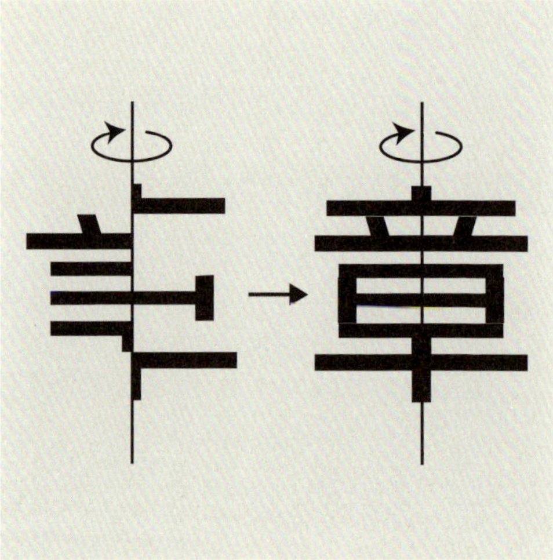

図①

図②

●Q＝10の答

風車

風車のように回転してしている形は、重複して複雑な形になっていますが、同じ漢字の円運動ですから元になっている1字を探せばよいのです。

図③をよく見て数えれば、左は8字、右は12字が重なっていて「風」は「国」に見え、「車」は「東」にも見えますが、細かく見れば答えがわかります。他の文字にも見えそうなことは、むしろ問題としては適役です。

図④は、同心円で直径を変えながらカットし、回転させながら合成してあります。それぞれの回転のずらし方で、難易度はどうにでも調整することができます。

図③

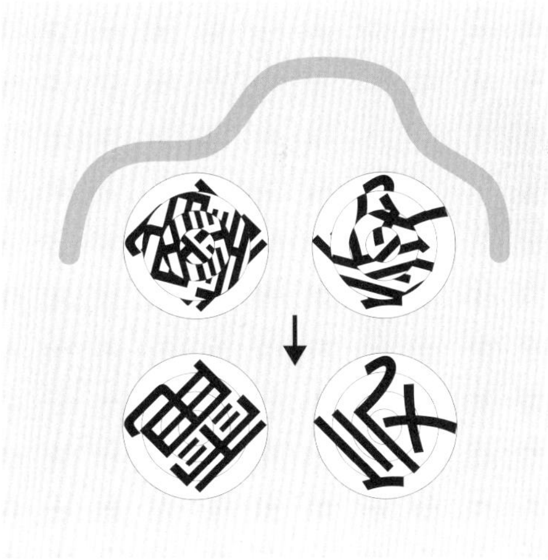

図④

[6] 推理力で遊ぶ

1＝部分から全体を推測

●かなりの部分が隠されていて全体が判別しにくい図から、見えない部分を含めた文字全体を想像してみましょう。

●Q＝1

●鍵穴の向こうのキーマン？

鍵穴から一部が見えている人はどんなパワーの持ち主？
（ヒント:最近見つかった新しい「力」。見えなければ、あなたにもこの「力」が備わっているのかも）
答え □□□

●Q＝2

●紅葉の世界遺産？
里にも紅葉の季節がやってきました。
落ち葉のすき間から文字が見えています。
世界遺産に指定されている、ここはどこ？
答え □□□□□

●Q＝1の答

鈍感力

3文字であることをイメージしながら、見えている線の延長線上で考え全体を推理します。

自分で問題を作成してみる際は、図②や図③のように極端な難易度に偏らないように。鍵穴以外の「のぞく」イメージにすると、バラエティに富んだ問題が作成できます。

図①

図②（見えな過ぎてよくない例）

図③（見え過ぎてつまらない例）

●Q＝2の答

日光東照宮

隙間から後ろにある文字を推理することには変わりないのですが、鍵のように1つの穴からのぞくのではなく、複数の形を前に置くようにすると、形を変えたり位置を動かしたりして、隠す程度の調整を容易にすることができます。

図⑤は、文字の露出量を意識的に少なくし、見えにくくしたり他の文字にも見える位置に雲を置いていますが、答えに適切なヒントを付記してその点をカバーしています。

季節感をモチーフに工夫すると、パズルが楽しめるオリジナルの年賀状やグリーティングカードが作成できます。

日光
東照宮

図④

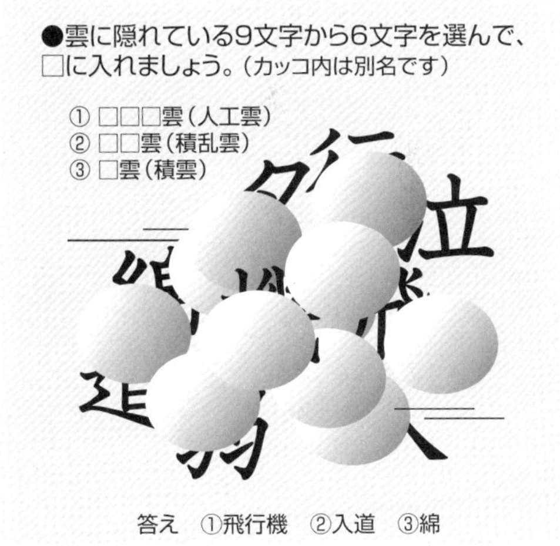
●雲に隠れている9文字から6文字を選んで、
□に入れましょう。（カッコ内は別名です）
① □□□雲（人工雲）
② □□雲（積乱雲）
③ □雲（積雲）
答え　①飛行機　②入道　③綿

図⑤

[6] 推理力で遊ぶ

2＝全体から部分を推測

●全体が示されている中の謎の部分を推理したり、全体の中の必要部分だけを抽出する力に挑戦してみましょう。

●Q＝3

●字巻?

[例]

春

↓

例の「春」→「春巻」のように、文字の中を回転させた「字巻」をデザインしてみました。

では、下のお皿の上の2文字でできる巻物は?

[答え] □□巻

●Q＝4

●ノーベル賞受賞者の多重サイン？

下の図には14の漢字が重ねて書かれています。その中の何文字かを組み合わせると、ノーベル賞受賞者の氏名になります。

その人の名は？

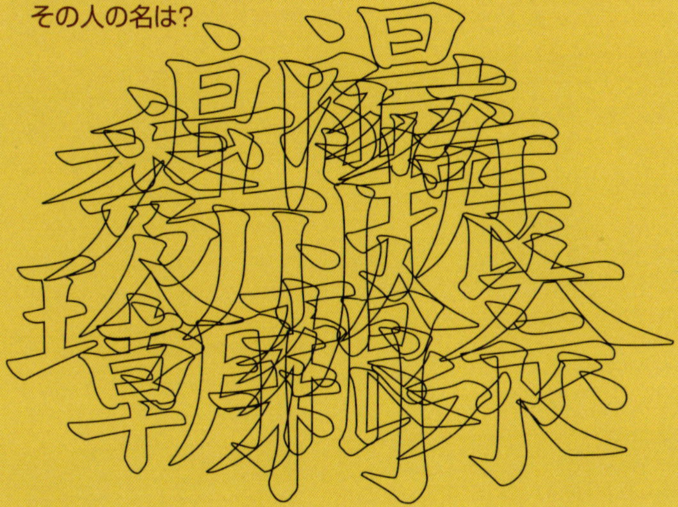

※判別しやすくするため、輪郭だけの書体にしてあります。

●Q＝3の答

鉄火

全体が見えているのに、その中のある部分が変形されていて、変形のされ方から元の漢字を推理する問題です。

図①の各文字の中央は、コンピュータで渦巻きモードを用いて変形してありますが、一定の条件で処理してあるので、元に戻せないまでも原形を推理するヒントにはなっています。

図②は、変形の程度を3段階に変化させたバリエーションです。

図③は図①の続編ですが、1字1字は図①より判読しにくくても4字の組み合わせで2語になることを意識すれば、言葉からも答えを導き出せます。

鉄火

図①

図②

●お皿の上の4文字でできる2つの巻物は？
答え 納豆巻・昆布巻

図③

●Q＝4の答

江崎玲於奈

同じく全体の中の部分でも、Q＝3のように単独の文字ではなく、多数の文字の中のある文字を探す問題です。

Q＝4は、正解の人名が何字かわからないので、先ず14の漢字をすべて選別しなければならず、それらを並べてみる作業が必要になります。目に付きやすい位置に「湯」があるから湯川秀樹を連想しますが、「樹」がないことは、全文字を探した後にしか判断できない意地の悪い問題です。

図⑤は言葉のセンスも必要とされる問題で、この種の問題は、自分でも楽しく問題を作成できるテーマです。

図④

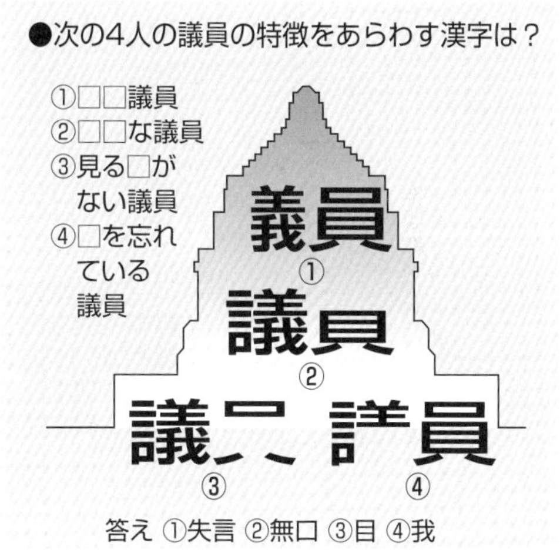
●次の4人の議員の特徴をあらわす漢字は？
①□□議員
②□□な議員
③見る□がない議員
④□を忘れている議員
義員
①
議員
②
③
④
答え ①失言 ②無口 ③目 ④我

図⑤

3＝反転

●コントラストの強いモノクロの写真の中から、あるものを見出すAHA効果が脳トレの問題で人気者になっていますが、似ているけれどそれ以上に興味深いネガとポジの反転に挑戦してみましょう。

●Q＝5

●マジシャンの表札？

　例では、左図を右図のようなグレーの枠で囲むと、意味のなかった形が「天田」の文字に見えてきます。

　では、図の表札がある家に住む2人のマジシャンは誰と誰と誰？

[答え] □□さん、□□さん

[例]

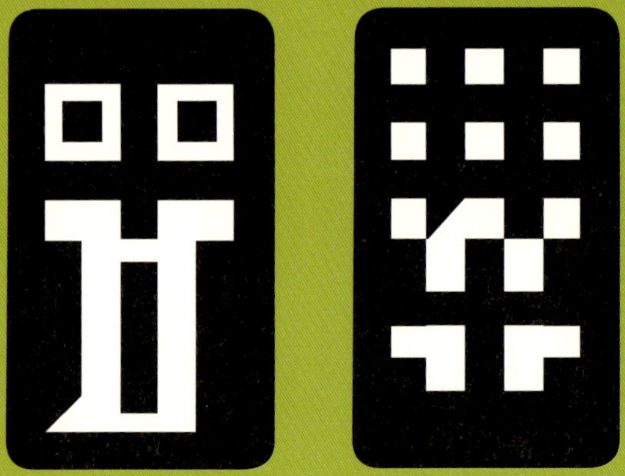

●Q＝6

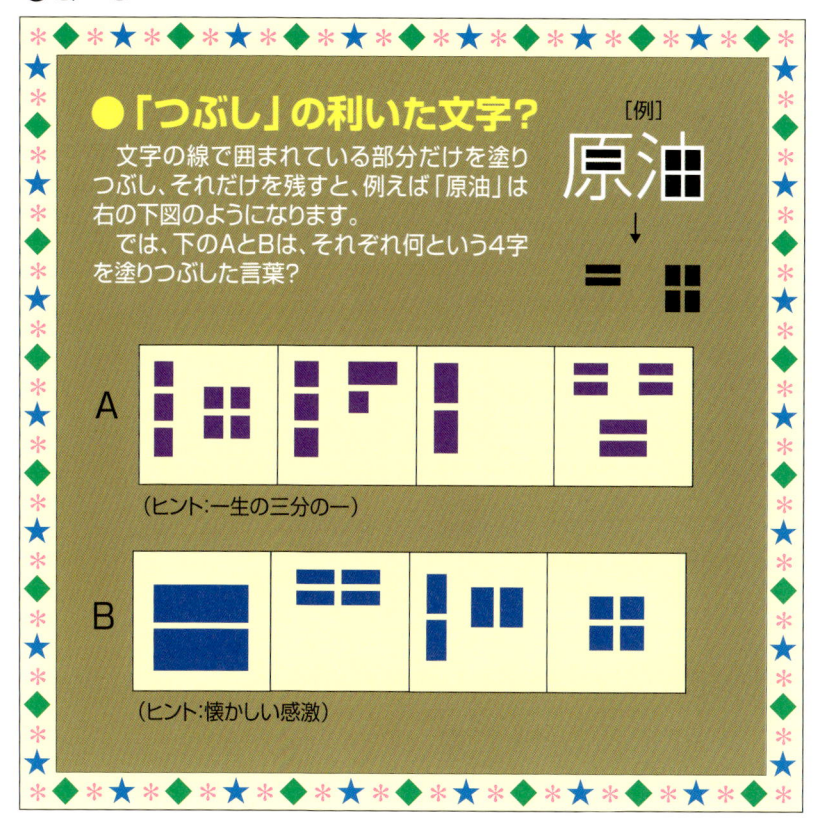

●「つぶし」の利いた文字？

文字の線で囲まれている部分だけを塗りつぶし、それだけを残すと、例えば「原油」は右の下図のようになります。

では、下のAとBは、それぞれ何という4字を塗りつぶした言葉？

［例］

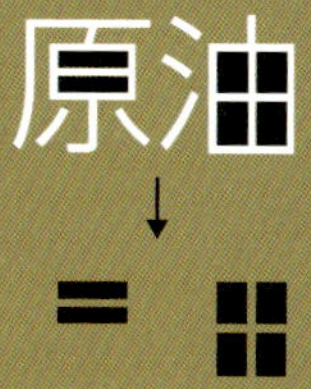

A

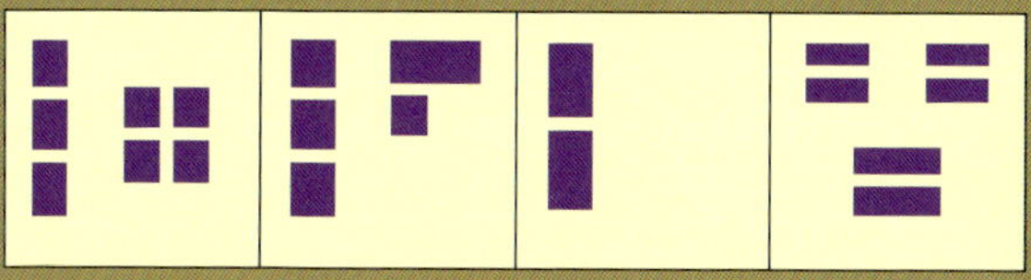

（ヒント：一生の三分の一）

B

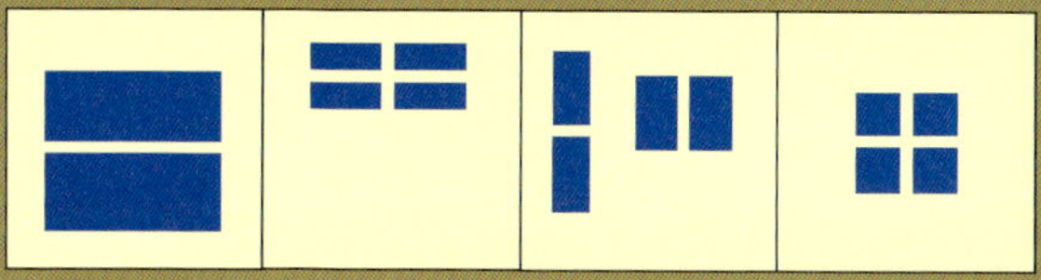

（ヒント：懐かしい感激）

●Q＝5の答

平川・井出

枠で囲んで視野を限定し「図地反転」（形に見える「図」と背景になる「地」が反転する）させるマジックの例です。

ネガフィルムからでは顔の表情が読みとれないように、ネガとポジではまったく別のイメージになります。更に、ある条件を備えると、枠の中が「図地反転」し、意味不明だった形が突然文字として読める不思議な表現が可能になります。

図②もその例で、上の形からは、枠を付けないと、とても「山下」とは読めません。

問題を作成する際は、枠と文字の外形との関係を見極めましょう。

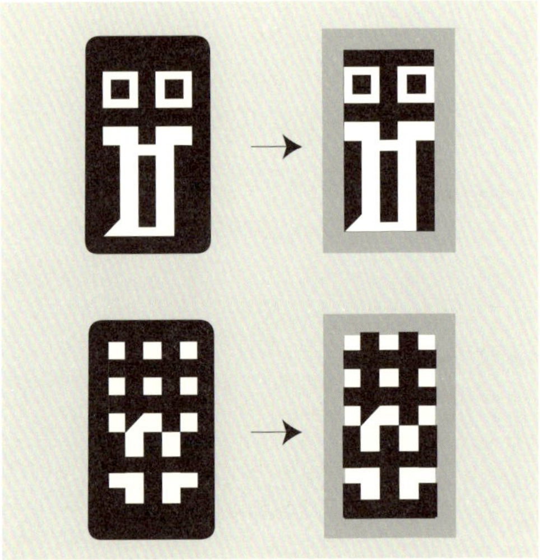

図①

図②

●Q＝6の答

① 睡眠時間

② 白黒映画

小学生の頃から、退屈な授業中は教科書などの漢字の空白部を潰していました。現在でも面白くない会議では時間潰しに文字潰しを楽しんでいます。そこにできてくるパターンは魅力的で、暗示性がありパズルの絶好のネタになります。

図③は適度に空白部が存在している例です。図④のように各文字の境界線を削除すると、1段階難易度を高めることができます。

空白部は四角形が多いのですが、図⑤のような形もあり、自作を試みる際は、形の位置と数を意識するとよいでしょう。

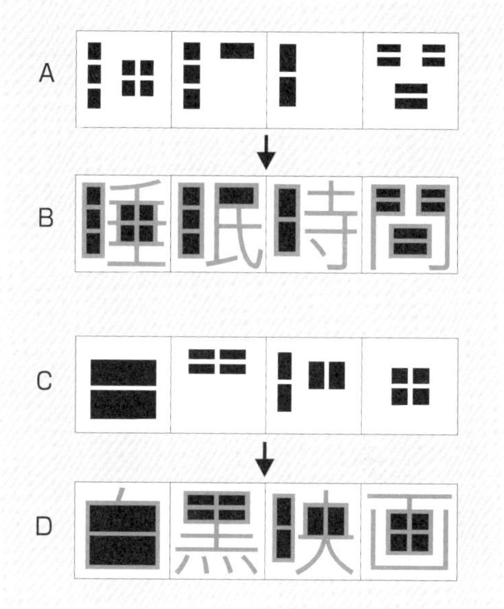

図③

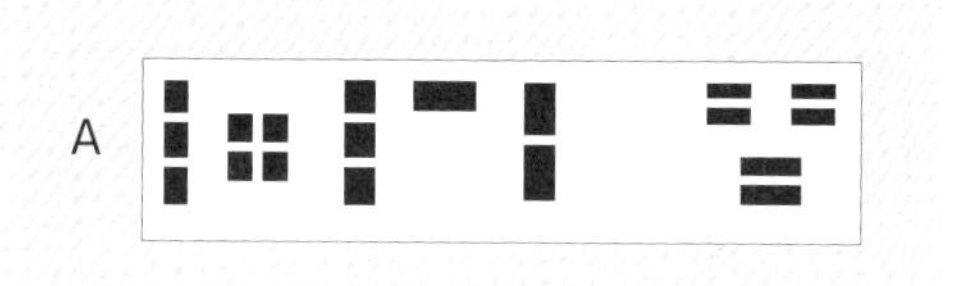

図④

図⑤

[6] 推理力で遊ぶ

4＝変形

●ある法則により規則的に変形された形から、変形のルールを逆算して変形前の漢字を推測してみましょう。

●Q＝7

●超肥満体？

[例] の①は②のように太らせると③の形になります。
下の太らせた2文字でできる熟語は？
（ヒント：メタボ症候群予防）

[答え] □□

[例]

①　②　③

※頭・手・足のイラストは関係ありません。

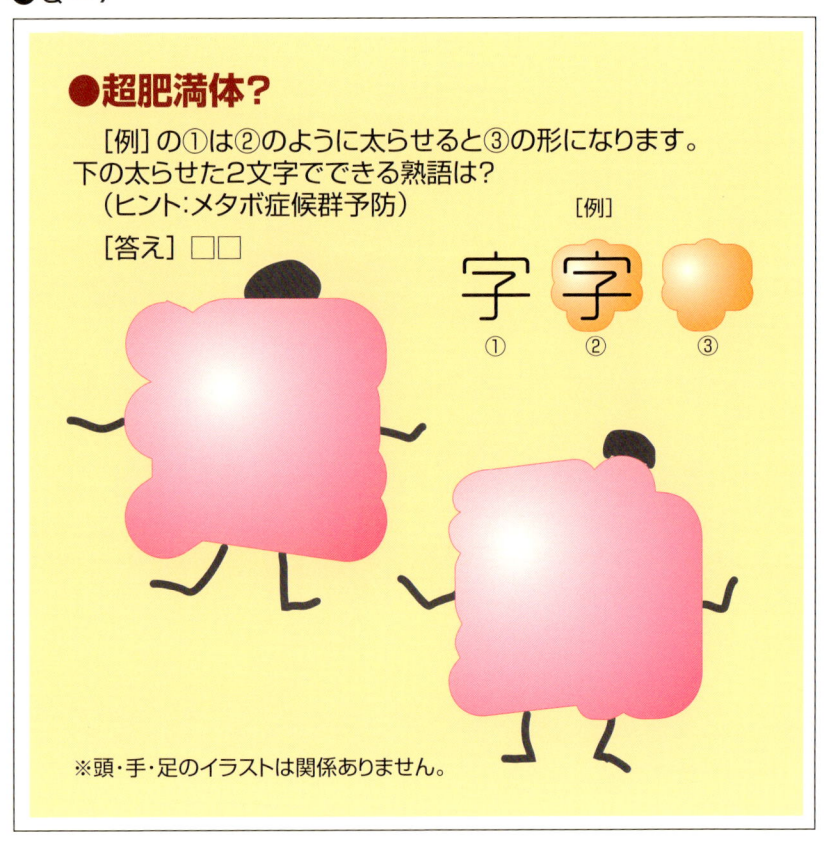

●Q＝8

●情報価値もあるマンホール?

歩行者が何かを知るのに役立つ機能を、路上のマンホールにつけました。

このマンホールに表示されている4文字は?

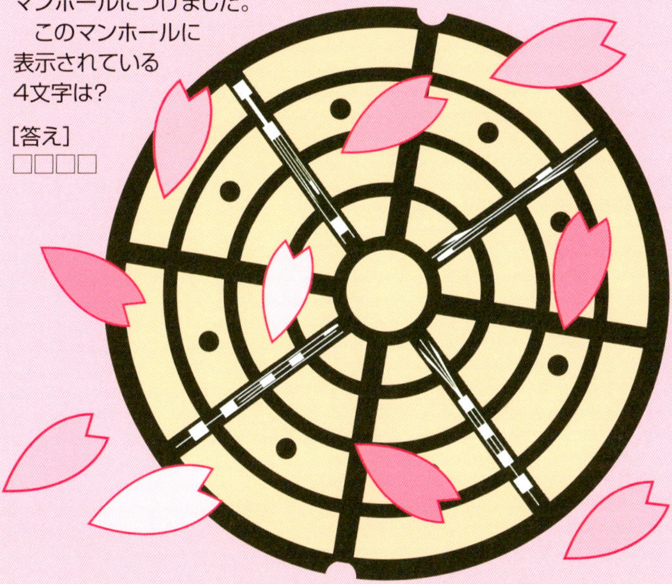

[答え]
□□□□

●Q＝7の答
　運動

　標準的な字体を変形させ、その変形が意味する内容から答えを推理してみましょう。
　図①は風船のように膨らませた形ですが、微妙なアウトラインの曲線に注目すると、元の字が浮かんできます。ヒントの「メタボ症候群予防」と頭・手・足のポーズからの連想力も、味方になってくれます。
　図②は「波」を渦巻き状に変形させた文字から、瀬戸内海の「鳴門海峡」と解きます。
　コンピュータを使わなくてもフリーハンドで比較的簡単に味のあるデザインが作成できるので、挑戦してみましょう。

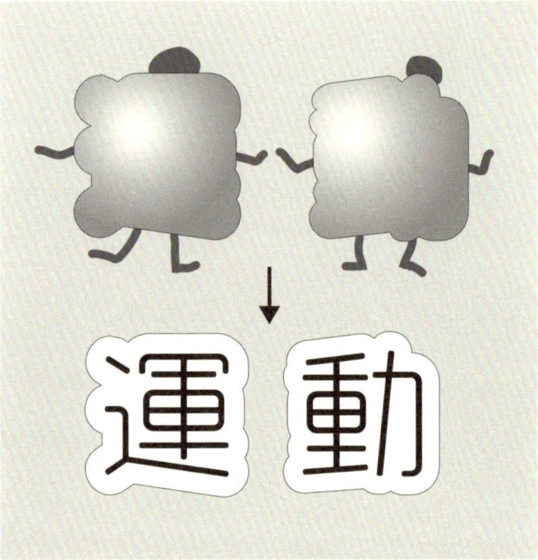
運
動
図①

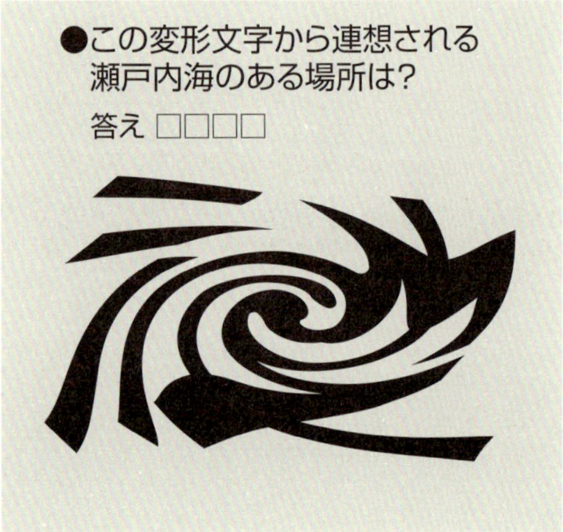
●この変形文字から連想される
瀬戸内海のある場所は?
答え □□□□
図②

●Q＝8の答

東西南北

路面に意味不明な形が塗装されていると不思議がっていたら、ある日バスの運転席付近からそれが「徐行」と読めてビックリしたのは、何十年も前のことでした。

アナモルフォーズと呼ばれるこのような変形表現は、錯視デザインでもパズルでも定番の1つになっています。

図③のマンホールは、水平に近い視点で矢印の方向から見ると、その先に細い変形文字が標準に近い字体で読めます。コピー機やパソコンで簡単に作成できます。

図④の答えは［例］からの推測で「表面張力・特殊撮影」と読めます。

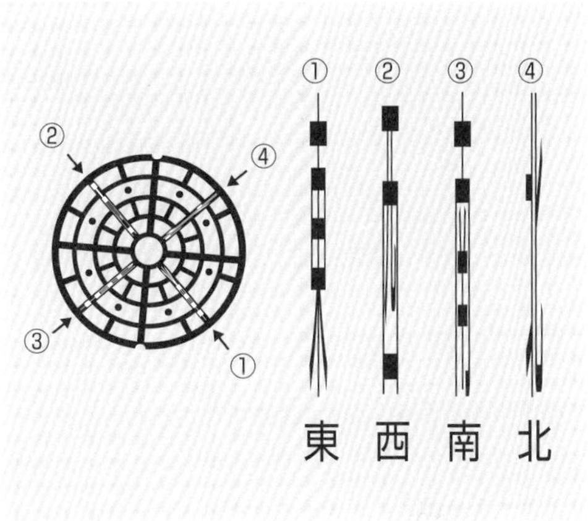
①
②
③
④
東 西 南 北

図③

●魚眼レンズのイメー字?
この8字を組み合わせてできる2組の4字の熟語は?
答え □□□□・□□□□
［例］
字→

図④

[7] 総合力で遊ぶ

1＝先入観打破

●身近に見慣れているものは、何の不思議も不都合も感じずに見過ごしがちです。そんな先入観に惑わされず正しい姿を見定めましょう。

●Q＝1

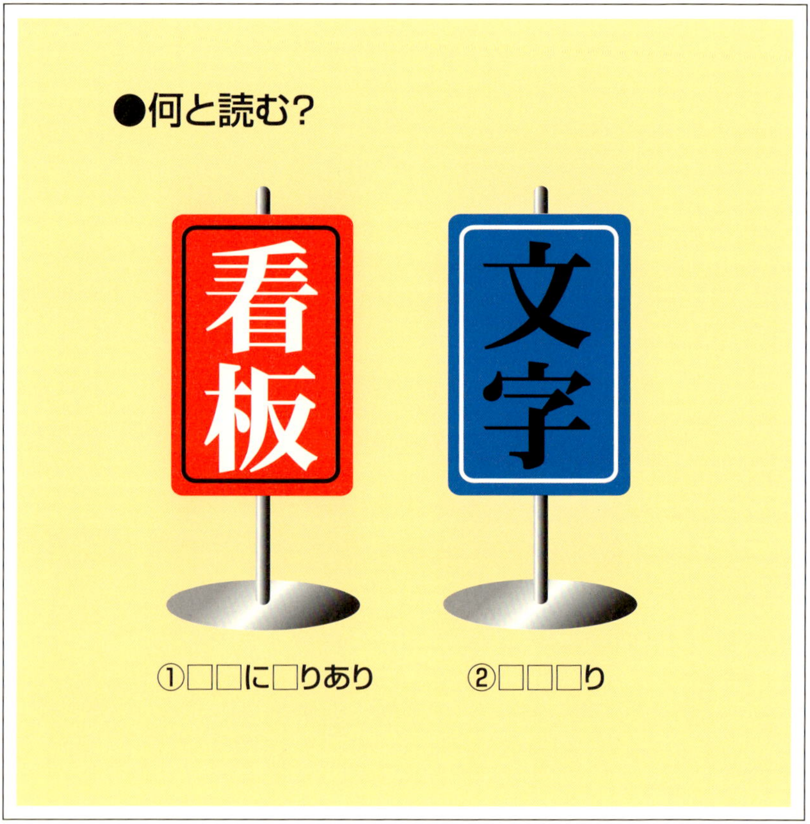

●Q＝2

●誤字等［ゴジラ］はどれ？

この8文字の中には、6つの誤字が存在しています。
間違っている漢字は？

［答え］
□・□・□・□
□・□

●Q＝1の答

①看板に偽りあり

②文字通り

30年前銀座ソニービルでのグループ展に、誤字ばかりをデザインしたパズル本「誤字等の本」を出品。活字書体のため、正しいという先入観で間違いが発見できず、会場が盛り上がっていました。

図①は「平成教育委員会」（フジテレビ）での出題ですが、正解者は1人だけで、図②をその直後に出題したら、今度はどこが間違っているのだろうという前例に従う先入観で1人も解けず、正解を知ってから全員が大納得していました。問題としては、この間違った後正解を知って満足する反応が大切なのです。

図①

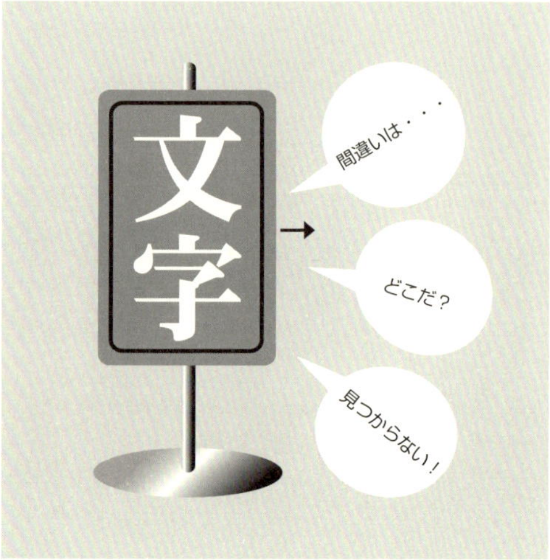

図②

●Q＝2の答

郵・便・善・援・助・誘

「誤字等の本」は、当初の自費出版が興味をもたれ市販されることになりました。自費出版では必ず全文字に間違いがあったのですが、市販版では、間違いのないものや、熟語の片方だけ間違いのあるものも入れて、迷う興味を付加しました。作問時には、常にこの事を念頭に置いています。

図④は、好評だった誤字の抜粋です。誤字は9字ですが分かりますか。

笑い話ですが、この本を制作してから、正誤があやふやになり、誤字を書くことが増えました。

普段から間違いやすい字をチェックしておき、問題を作成してみましょう。

善
改善
郵便
郵
便
援
助
援助
誘惑
誘

図③

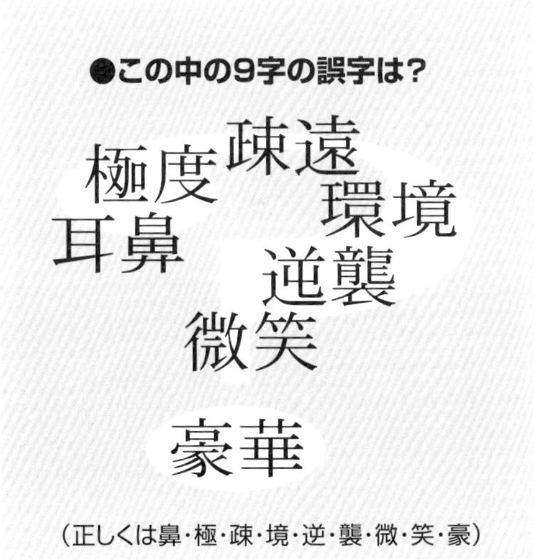

●この中の9字の誤字は？
極度
疎遠
環境
耳鼻
逆襲
微笑
豪華
（正しくは鼻・極・疎・境・逆・襲・微・笑・豪）

図④

[7] 総合力で遊ぶ

2＝漢字の視覚化

●漢字のもつ表意性を生かして、ヴィジュアルな魅力を楽しみましょう。

●Q＝3

●Q＝4

●宝探し？

2つのデザインは、ある言葉を表現したものです。□の中に漢字を入れ、AとBを組み合わせてできる新たな言葉は？

答え □□

□はⒶなり

□Ⓑ□□

●Q＝3の答

風の便り

例えば「雨」の点を水滴にアレンジして、更にそれらしくデザインする「感字」はよく目にしますが、ここでは1字で慣用句やことわざを表現してしまう漢字ならではの遊びを考えてみましょう。

Q=3は、中を何に変えようと風の意味を感じさせるので、郵便局のマークを入れれば「風の便り」になります。

同様に図①ではA「心の病」、B「目を三角にする」、C「足を出す」または「足が出る」になり、図②は「鬼の目にも涙」になります。

楽しい問題を作成して、友人のユーモア感度も試してみましょう。

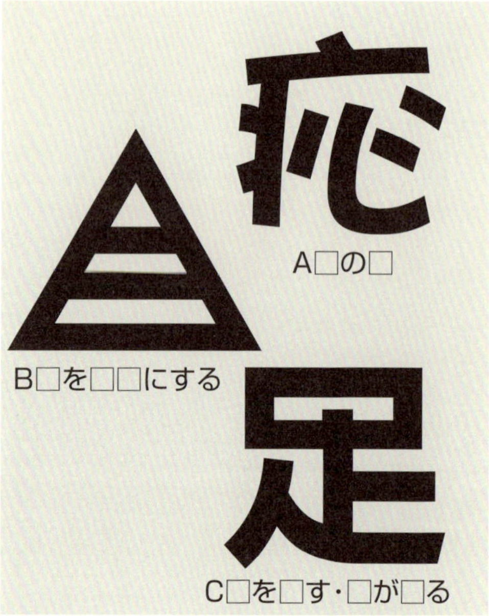

図①

図②

●Q＝4の答
白金

慣用句やことわざを漢字の特性を生かしてデザインするだけでも十分楽しめますが、複数のデザインの中の文字を組み合わせて言葉をつくる問題への発展が可能です。

図③、図④はその例で、図④の答えは風穴です。

時は金なり
A
面白半分
B

図③

□Aを□る
□のBになって

図④

第3章＝漢字遊び・ゲームの発想から完成まで

[1] 漢字博士 No.1

①漢字博士No.1（特製）

②（ポピュラー版）

③（NEC版）

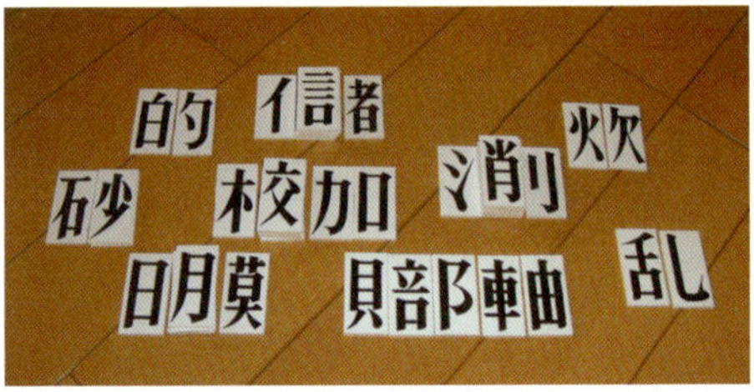

④何重にも重ねたり左右にも組み合わせられる例。

◆発想の原点

漢字をバラバラに分割し、再び組み合わせ直すことで、漢字でなければできない特色をもったゲームになるのではないかと考えた。

◆試作

最も一般的で組み合わせやすいのは縦に2分割する方法で、「偏」と「旁」に分けてみることにした。

◆問題点

部首ごとの組み合わせを縦軸を「偏」、横軸を「旁」としてマトリックスに表示し、交点にできる漢字を記入してみると、組み合わさる部首の数に差がありすぎる。

◆解決法

組み合わせの多い部首（さんずい・きへんなど）のカードの枚数を多くし、組み合わせて出来る漢字の数を多くした。

◆特色

組み合わせ「力」の差がカードの強弱になり、偏にも旁にもなるカードもあって、漢字の知識の多い人が必ずしも勝てないゲーム性がある。

◆遊び方

2人以上何人でも遊べ、組み合わせたカードの枚数で勝敗を決める。

※私の漢字ゲーム第1作で、ミリオンセラーになり「おもちゃ大賞」受賞作です。

[2] 漢字博士 No.2〜No.5

①漢字博士No.2　　　（拡大）

②漢字博士No.3　　　（拡大）

③漢字博士No.4①　　　（拡大）

④漢字博士No.5　　　（拡大）

●「漢字博士No.2」

◆発想の原点

「No.1」の左右の分割に上下の分割の追加を考えた。

◆試作

分割された部首を4変形の4辺に配置し、上下左右に連結できるようにした。

◆特色

接続が、線から面に広がっていく楽しさがある。

●「漢字博士No.3」

◆発想の原点

漢字を部分に分割し再構成するのではなく、文字自体を連結して熟語にすることを考えた。

◆特色

カードが6角形なので、6方向に連結の可能性がある。

●「漢字博士No.4」

◆発想の原点

漢字の連結の立体化思考。

◆特色

立方体上にある漢字を熟語に連結させる積木。

◆「漢字博士No.5」

◆発想の原点

複雑な分割を可能にする表現を実現する加工の思考。

◆特色

半透明の漢字を重ねて漢字がつくれる。

[3] ことわざカルタ丸 第1集〜第5集

①ことわざカルタ丸（第1集〜第5集）

②正方形だった初期の絵札（左）と円形に改良した絵札（右）

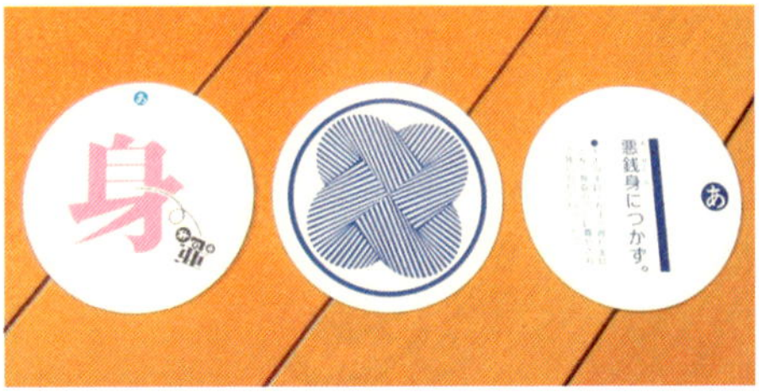

③左から絵札、裏面、読み札。

◆発想の原点
ことわざを漢字の視覚化によりデザインできるのではと考えた。

◆試作
シンプルでシャープなイメージを狙って正方形にした。

◆問題点
モダンだと好評だったが、角が傷みやすいという意見があった。

◆解決法
トランプのように角にアールをつけてみたが、中途半端さが気になり、思い切って円形にした。

◆特色
角がないので当然傷にもならずキュートなイメージになって、「カルタ丸」のネーミングとともに特に若い女性に好評だった。「取り札」のイニシアルを極端に小さくしてあるのは、見出し文字よりも文字絵のデザインを重視しているため。

◆遊び方
普通のカルタと同じように遊ぶ。

※中学美術の教科書にも紹介され、ロングセラーになっている。

[4] 和英ことわざカルタ丸 第1集〜第2集

①和英ことわざカルタ丸（第1集〜第2集）

④左から和の絵札、読み札（裏面）、英の絵札。

◆発想の原点

同じようなことを言おうとしていながら、和洋での例え方が違うことに着目した。

◆試作

共通する意味をもつことわざのリサーチが意外に困難だった。

◆問題点

アルファベットは表音文字なので、文字をシンボリックに表現しにくかった。

◆解決法

「日英比較ことわざ事典」などの辞典類から項目をリストアップし、ことわざの良さよりも文字絵にデザインできそうな可能性を重視して制作した。

◆特色

和洋での例え方の違いが楽しめ、表裏の使い方で4種類の遊びが可能。

◆遊び方

①漢字の「取り札」の裏の英文を読んで、英語の「取り札」をとる。
②漢字の「取り札」の裏の和文を読んで、相当する英語の「取り札」をとる。
③英語の「取り札」の裏の英文を読んで、相当する漢字の「取り札」をとる。
④英語の「取り札」の裏の和文を読んで、漢字の「取り札」をとる。

[5] 漢字の宝島（ぬり字）

①漢字の宝島（低学年セット）

②小学国語教科書（教育出版）に収録

①高学年セットの拡大図

◆発想の原点
　漢字を連結させてしまい、どこで区切れば正しい漢字に戻せるかをパズル化してみようと考えた。

◆試作
　学年別の教育漢字で構成してみた。

◆問題点
　区切る位置が分かりすぎる漢字が方々に目についた。

◆解決法
　隣り合う漢字を変えたり文字を配置する角度を変えたりして、自然に連結していて区切る場所が分かりにくくした。

◆特色
　その学年で学習する漢字が各シートにすべて組み込まれているので、楽しみながらその学年のすべての漢字の復習ができる。

◆遊び方
①漢字を別の色でぬり分けてゆく。
②全部の漢字が1本の線も余らず完成すると、1年生は「1」、2年生は「2」の形の島にでき上がる。

※小学国語の教科書にも収録された、隠されている学年別・全配当漢字を見つけてゆく「ぬり字」©です。

※シリーズに「続・漢字の宝島」（低学年セット）もあります。

[6] 四字熟語合わせ

①四字熟語合わせ

②易しいルールで遊ぶ時に用いるオレンジ色のカード。

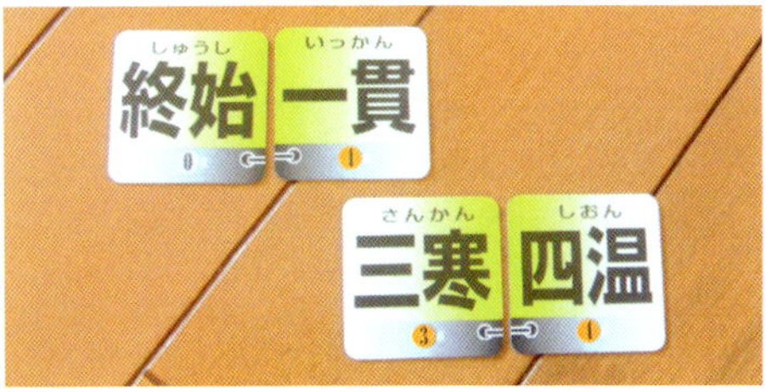

③複雑なルールで遊ぶ時に用いるグリーンのカード。

◆発想の原点

コミュニケーションを豊かにする言葉の宝庫の四字熟語を、楽しみながらスリルあるゲームにしたいと考えた。

◆試作

四字熟語を二字ずつに2分し、組み合わせられるように制作してみた。

◆問題点

いまーつゲーム的な魅力に欠けていた。

◆解決法・特色

数字を含む四字熟語に限定することにし、その数を得点数にできることにして、ゲームにスリル感をもたせた。

◆遊び方

①時間が短く易しいルールで遊ぶ時は、オレンジ色のカードだけを用いる。
②全部のカードを裏にして並べ、トランプの神経衰弱と同じように、1枚ずつ表にしていく。
③2枚が四字熟語に組み合わさったら、自分の前に並べる。
④全部表になったら終了で、取った枚数の多い人が勝ち。

※別に、時間がある時の、ルールも複雑な遊び方（グリーンのカード使用）もあります。

※シリーズに「続・四字熟語合わせ」もあります。

[7] 漢字ジグソー

①漢字ジグソー

②1年生で学習する赤いピース。

③2年生で学習する緑のピース。

◆発想の原点

ジグソーの面白さを漢字ならではの視点でデザインしたいと考えた。

◆試作

一般的な垂直線と水平線の各中央に凹凸をつけるのではなく、漢字の部分に合わせて分割して制作してみた。

◆問題点

製造上、あまり細かく複雑な分割は困難である。

◆解決法

可能な分割にするかわり隣の漢字にまたがらせたら、かえってジグソーならではの面白さが楽しめるようになった。

◆特色

各学年で学ぶ全漢字がすべて組み合わさると、その学年の数字の形が完成するので、楽しみながらその学年のすべての漢字が学習できる。

◆遊び方

①赤いピースは1年で学習する漢字用、緑のピースは2生で学習する漢字用です。

②普通のジグソーパズルと同じように、ピッタリはまるピース同士を組み合わせる。

③全部のピースが完成すると、1年は「1」、2年は「2」に組み上がる。

※発明協会会長賞の受賞作品です。

[8] 熟語博士

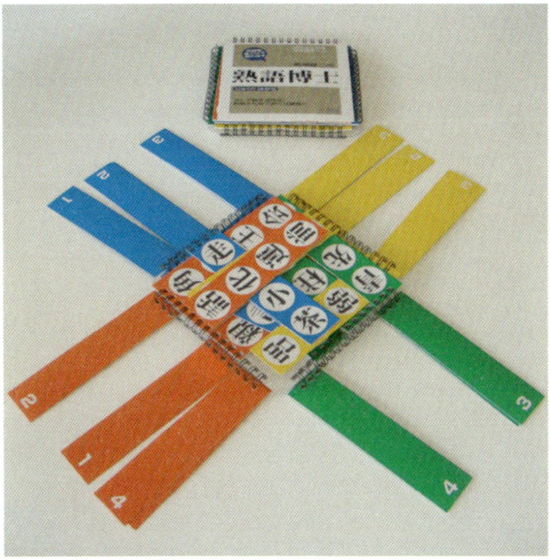

①熟語博士

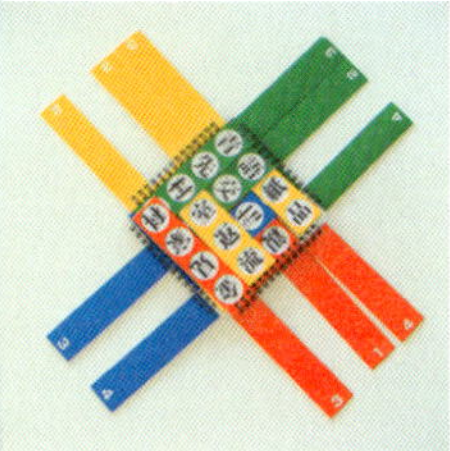

②全部外に開き１枚ずつ出す。③熟語を見つける。

④全部の短冊がめくられた状態。⑤ことば博士

◆発想の原点

新しく加わる何文字かを含めて、熟語の発見の早さを競うゲームをと考えた。

◆試作

四方から短冊を中央にめくり戻し、漢字を素早く組み合わせ熟語をつくるゲームを制作してみた。

◆問題点

手作りの部分が多く、製造コストが高くなる。

◆解決法

サイズ・製造法等を発売元（学研）が検討、商品化を実現できた。

◆特色

順番ではなく発見の早さを競うので盛り上がり、語彙も増え家族みんなで日本語能力を楽しくアップできる。

◆遊び方

①全部の短冊を外に開く。

②自分の色を決め、１枚ずつ場に出しゲームスタート。

③場に出た漢字でできる熟語をさがし、見つけたら、素早く声を出して言う。

④早く言った人が、自分の色の短冊を１枚場に出せる。

⑤③と④をくりかえして、自分の短冊を全部出し終えた人の勝ち。

※シリーズにひらがなで熟語をつくる「ことば博士」があります。

[9] 江戸／京いろはかるた丸

①江戸／京いろはかるた丸

②江戸いろはかるた丸（左から絵札、裏面、読み札）

③京いろはかるた丸（左から絵札、裏面、読み札）

◆発想の原点

昔から親しまれてきた江戸／京いろはかるたを、漢字の文字絵でモダンにデザインしようと考えた。

◆試作

モダンなイメージにするため、円形にして制作してみた。

◆問題点

共通のフォーマットだと、江戸らしさ、京らしさの差が感じられない。

◆解決法

縁を太くし、江戸は「江戸紫」に因んで紫、京はシックなセピアにして、それぞれのイメージを強調した。

◆特色

良く知られた言葉のかるたを、漢字の文字絵によるモダンな雰囲気で楽しめる。

◆遊び方

従来の遊び方と同じです。

※「つ」のように江戸でも京でも同じく「月夜に釜をぬく」となっているものもありますが、多くは同じ「い」でも、江戸では「犬と歩けば棒にあたる」、京では「一寸先闇の夜」というように異なっているものがほとんどです。その違いを知るのも楽しみです。

[10] 漢字の巨大迷路

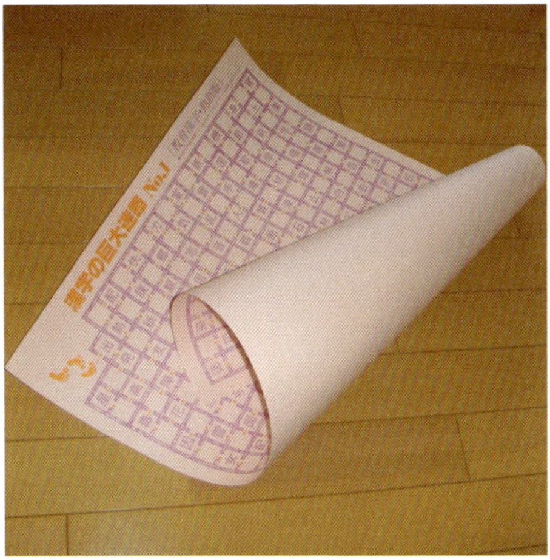

①漢字の巨大迷路［教育漢字・熟語版］

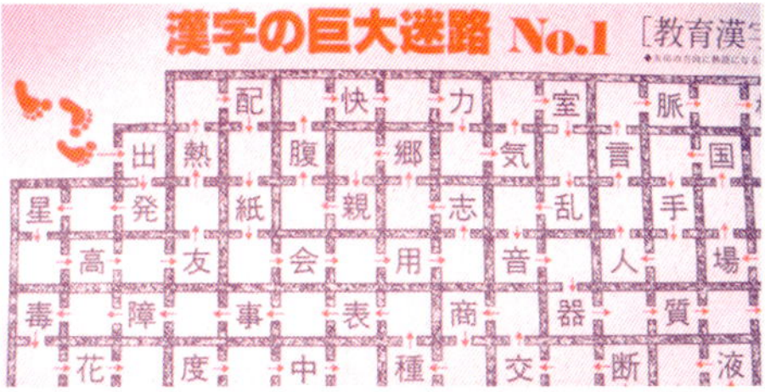

②漢字の巨大迷路［教育漢字・熟語版］の拡大図

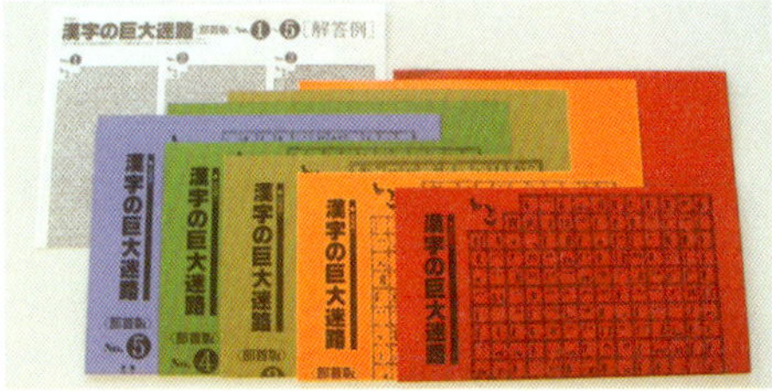

③「漢字の巨大迷路・部首版」ミニ5枚セット

◆発想の原点

漢字を次々としりとりのように熟語をつくりながら連続させ、1文字置きに空欄にし、その中に書き込み完成させるデザインをと考えた。

◆試作

矢印で方向を指示しながらも、出来るだけ大きな迷路のようなデザインにしてみた。

◆問題点

良く用いられる漢字では、同じ漢字が2度は出てこないようすることが難しい。

◆解決法

たとえ何回も同じ漢字が出現しても、小学校で学習する教育漢字の範囲内とし、だれでも遊べるものを目指した。

◆特色

前後の漢字と連続しなければならない面白さがある。

また、前との熟語化に苦しむときに、後の漢字がヒントになることも期待できる。

◆遊び方

入口から出口まで、熟語をつくりながら通り抜ける。

※③は示されている未完成な漢字の部分を補筆し完成させながら、例えば「賀正」から「大晦日」まで、1日1字を365日熟語になるように矢印に従って次々に漢字を書き込んでゆく迷路です。

[11] 漢字・慣用句かるた／慣用句トランプ

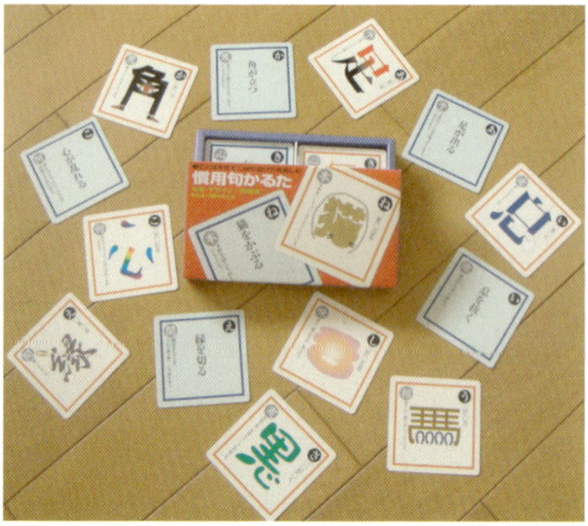

①漢字・慣用句かるた

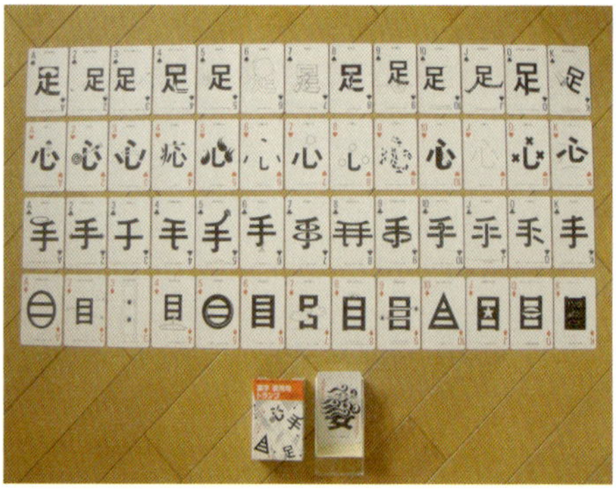

②漢字・慣用句トランプ

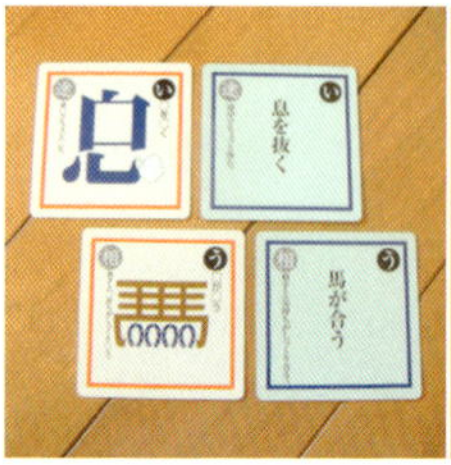

③慣用句かるた拡大図

④慣用句トランプ拡大図

漢字・慣用句かるた

◆発想の原点

元来の言葉の意味とは別の表現になる慣用句を、漢字のヴィジュアルな文字絵でデザインし、かるたにしてみようと考えた。

◆試作

正方形にして、モダンなイメージにデザインしてみた。

◆特色

読み札に、慣用句とともに意味も付記し、その部分を活用して遊べる。

◆遊び方

①「読み札」を読み上げて、それに該当する「取り札」をとる。

②左側に書いてある慣用句の意味の説明文を読み上げて、それに該当する「取り札」を取る。

漢字・慣用句トランプ

◆発想の原点

同じ1文字でたくさんの慣用句を表現できる漢字で、トランプのマークごとに統一した文字絵をデザインしてみようと考えた。

◆特色

♥＝心、◆＝目、♠＝足、♣＝手として、それぞれの慣用句を各13枚（1～K）合計52枚にデザインしたトランプです。

●漢字ゲームのデータ

◆漢字博士No.1（特製）＝1976年/ユニ・デザイン/¥5,775
◆漢字博士No.1（ポピュラー版）＝1976年/学研→奥野かるた店/¥1,890
◆漢字博士No.1（NEC版）＝1983年/NEC/非売品
◆漢字博士No.2＝1978年/西武百貨店→奥野かるた店/¥2,415
◆漢字博士No.3＝1980年/奥野かるた店/¥2,415
◆漢字博士No.4＝1982年/西武百貨店/完売
◆漢字博士No.5＝1984年/西武百貨店/完売
◆ことわざカルタ丸（第1集～第5集）＝1976～/奥野かるた店/¥2,100
◆和英ことわざカルタ丸（第1集～第2集）＝1987～/奥野かるた店/¥2,415
◆漢字の宝島（低学年セット）＝1981/奥野かるた店/¥1,050
◆漢字の宝島（高学年セット）＝1982/奥野かるた店/¥1,050
◆続・漢字の宝島（低学年セット）＝2000/奥野かるた店/¥1,050
◆四字熟語合わせ＝2000/奥野かるた店/¥1,995
◆続・四字熟語合わせ＝2005/奥野かるた店/¥1,995
◆漢字ジグソー＝2002/奥野かるた店/¥2,625
◆熟語博士＝2005年/学研/¥1,500
◆ことば博士＝2005年/学研/¥1,500
◆江戸いろはかるた丸＝1999/奥野かるた店/¥1,995
◆京いろはかるた丸＝1999/奥野かるた店/¥1,995
◆漢字の巨大迷路［教育漢字］熟語版＝1988/ユニ・デザイン/¥1,050
◆漢字の巨大迷路部首版ミニ5枚セット＝1995/ユニ・デザイン/¥1,260
◆漢字・慣用句かるた＝2002/奥野かるた店/¥1,995
◆漢字・慣用句トランプ＝1988/ユニ・デザイン/¥1,575

奥野かるた店＝〒101-0051東京都千代田区神田神保町2-26　TEL.03-3264-8031
学研＝〒145-8502東京都大田区上池台4-40-5　TEL.03-3726-8308
ユニ・デザイン＝〒108-0073東京都港区三田5-7-8-1324　TEL.03-3451-5970

■馬場雄二の漢字デザイン関係リスト

［著書］
＊「ロゴタイプのデザイン計画」（ダヴィッド社／1968）
＊「フォト・レタリング」（ダヴィッド社／1970）
＊「漢字パズル」（ごま書房／1976）
＊「漢字ことわざパズル」全2巻（NHK出版／1978〜1979）
＊「言語遊戯」（日本ブリタニカ・共著／1979）
＊「文字遊び百科」全5巻（東京堂出版／1984〜1985）
＊中学検定教科書「美術」（日本文教出版・共著／1984〜）
＊「漢字遊びハンドブック」（仮説社／1987）
＊「文字デザインのアイデア」（ダヴィッド社／1987）
＊「漢字講座」全10巻（明治書院・共著／1989）
＊「誤字等［ゴジラ］の本」（仮説社／1993）
＊「漢字遊字典」（東京堂出版／1995）
＊「漢字遊字ためせるパズル」（講談社／1998）
＊「和英ことわざ遊字図鑑」（仮説社／2000）
＊「漢字の宝島」（仮説社／2000）
＊「漢字のサーカス」（岩波書店・ジュニア新書／2002）
＊「漢字の遊園地」（光文社・カッパブックス／2003）
＊「漢字クイズ絵本」全6巻（偕成社／2004〜5）
＊「試してナットク!錯視図典」（講談社／2004）
＊「ひらめき脳をつくるデザインQ」（講談社／2006）
＊「脳が元気になる四字熟語ぬり字」（講談社／2006）
＊「パジルで脳トレ」（青春出版社／2007）

［連載］
＊「The Student Times」フロントページ（Japan Times／1983〜1984）
＊「たのしい授業」表紙（仮説社／1986〜）
＊「馬場雄二の［遊字塾］」（産経新聞／1992〜2007）
＊「四字熟語の宝島」（産経新聞／1995〜1996）
＊「パズル in」（講談社ペック／1997〜1998）
＊「ビジュアル漢字パズル」（朝日新聞・2002）
＊「馬場雄二の漢字遊び大学｝（毎日新聞社／2004）
＊「馬場雄二のデザインQ」（朝日新聞／2005〜）

［展覧会］
＊「タイポ・アイ展」（ソニービル他・グループ展／1975〜1984）
＊「馬場雄二・遊字展」（銀座松屋／1982）
＊「タイポ・アイ／ニューヨーク展」（ニューヨークADCギャラリー／1983）
＊「馬場雄二・遊字展Ⅱ」（銀座松屋／1985）
＊「馬場雄二・OH!風呂敷展」（西武百貨店／1986）
＊「馬場雄二・遊字展Ⅲ」（伊東屋／1988）

＊「馬場雄二・漢字の巨大迷路展」（銀座松屋／1988）
＊「馬場雄二'93展」（TDS／1993）
＊「馬場雄二・和英ことわざカルタ展」（銀座松屋／1996）
＊「馬場雄二漢字遊び百科展」（銀座・伊東屋本店ギャラリー／2001）
＊「馬場雄二さんの漢字遊び祭り」（銀座・伊東屋本店ギャラリー／2007）

［ゲーム］
＊「漢字博士」No.1～No.5（学研・西武百貨店・奥野かるた店／1976～1987）
＊「ことわざカルタ丸」第1集～第5集（奥野かるた店／1976～1986）
＊「和英ことわざカルタ丸」第1集～第2集（奥野かるた店・1987～1989）
＊「文字博士」（学研・奥野かるた店／1977）
＊「NECデジタルゲーム」（日本電気／1978）
＊「漢字レリーフ」（ユニ・デザイン／1979）
＊「1日1回頭ノ体操」（西武百貨店／1980）
＊「漢字の宝島」（ユニデザイン・奥野かるた店／1981）
＊「英字博士」（西武百貨店／1984）
＊「もじもじ博士」（西武百貨店／1984）
＊「漢字のかんづめ」（学研／1987）
＊「漢字慣用句トランプ」（ユニ・デザイン／1988）
＊「漢字の巨大迷路」（ユニ・デザイン／1988）
＊「漢字の巨大迷路カレンダー」（仮説社／1989～1994）
＊「ペア漢字トランプ丸」（奥野かるた店／1994）
＊「漢字でトランプ」初級・中級・上級（奥野かるた店／1997～1999）
＊「江戸いろはカルタ丸」「京いろはカルタ丸」（奥野かるた店／1999）
＊「四字熟語合わせ」（奥野かるた店／2001）
＊「文字の宝島」（奥野かるた店／2001）
＊「漢字ジグソー」（奥野かるた店／2002）
＊「漢字慣用句かるた」（奥野かるた店／2003）
＊「続・四字熟語合わせ」（奥野かるた店／2004）
＊「熟語博士」（学研／2006）
＊「ことば博士」（学研／2006）
＊「続・漢字の宝島」（奥野かるた店／2006）
＊「慣用句・漢字おり紙」（ユニ・デザイン／2007）

［その他］
＊「文字絵サイン表示計画」（ニッポン放送／1978）
＊「階段階数表示サイン計画」（伊東屋／1982・1988）
＊「季語スカーフ」（ユニ・デザイン／1978）
＊「当世祈願札」（ユニ・デザイン／1978）
＊「漢字ネクタイ」（ユニ・デザイン／1984）
＊「2000年ロゴメガネ」（フジテレビ／1999）

■著者プロフィール

馬場雄二（ばば・ゆうじ）

東京芸術大学大学院修了。ヴィジュアルデザイナー・東北芸術工科大学名誉教授。文字やデザインを遊びの視点から創作・研究するとともに、フジサンケイグループ、NEC、西武百貨店などのCIディレクション、グラフィック、商品開発などを手掛ける。長野冬季五輪デザイン検討委員長。世界カレンダー賞（USA）金賞、日本グラフィックデザイン展（ニューヨーク）銀賞、ザ・トリック展優秀賞、東京発明展特別賞、ミリオンセラー「漢字博士」でおもちゃ大賞受賞。産経新聞「馬場雄二の遊字塾」（15年間・塾長）、朝日新聞日曜be「馬場雄二のデザインQ」連載中。漢字ゲーム「ことわざカルタ丸」・「漢字の宝島」・「四字熟語合わせ」など20数種、著書「文字遊び百科」全5巻（東京堂書店）・「誤字等の本」（仮説社）・「漢字のサーカス」（岩波書店）・「漢字クイズ絵本全6巻」（偕成社）・「試してナットク！錯視図典」・「ひらめき脳をつくるデザインQ」・「脳が元気になる四字熟語ぬり字」（講談社）・「パジルで脳トレ」（青春出版社）など20数冊。

信州上田市観光大使。

http://www6.ocn.ne.jp/~ba2uzuni/

漢字《かんじ》遊《あそ》び解体新書《かいたいしんしょ》——パズルで広《ひろ》がる漢字《かんじ》のたのしみ

NDC814／129p／21cm

初版第1刷——2007年11月1日

著者————馬場雄二《ばばゆうじ》

発行者————鈴木一行

発行所————株式会社大修館書店

〒101-8466 東京都千代田区神田錦町3-24

電話 03-3295-6231（販売部）03-3294-2352（編集部）

振替 00190-7-40504

［出版情報］http://www.taishukan.co.jp

装丁者————馬場雄二

印刷所————壮光舎印刷

製本所————難波製本

ISBN978-4-469-22192-3　Printed in Japan